W0048803

Was ist mit Amerika los?

Alfred Defago

Was ist mit Amerika los?

Beobachtungen aus einem Land,
das anders denkt

Verlag Huber
Frauenfeld Stuttgart Wien

Bibliografische Information der Deutschen Bibliothek
Die Deutsche Bibliothek verzeichnet diese Publikation in der Deutschen
Nationalbibliografie; detaillierte bibliografische Daten sind im Internet
über http://dnb.ddb.de abrufbar.

ISBN 3-7193-1326-3

© Copyright 2004 Huber & Co. AG, CH-8501 Frauenfeld

Das Werk einschliesslich aller seiner Teile ist urheberrechtlich geschützt.
Jede Verwertung ohne Zustimmung des Verlages ist unzulässig.
Das gilt insbesondere für Vervielfältigungen, Übersetzungen,
Mikroverfilmungen und die Einspeicherung in elektronische Systeme.

Umschlag: Barbara Ziltener, Frauenfeld
Grafische Gestaltung: Arthur Miserez, Frauenfeld
Gesamtherstellung: Huber & Co. AG,
Grafische Unternehmung und Verlag, CH-8501 Frauenfeld
Einband: Buchbinderei Schumacher, Schmitten

Printed in Switzerland

Inhalt

Was ist mit Amerika los?
Statt eines Vorworts

Das Buch beobachtet «eine wachsende Gereiztheit gegenüber den Vereinigten Staaten» in Deutschland und anderswo in Europa, ja Anzeichen eines eigentlichen «primitiven Antiamerikanismus» in der Alten Welt. Ein längeres Kapitel handelt vom rasch wachsenden Einfluss der Neokonservativen auf die republikanische Administration. Ein anderes steht unter dem Titel: «Washington – das neue Rom?»

Eine Schrift zum transatlantischen Verhältnis nach dem 11. September 2001 oder gar nach dem Irak-Krieg der Amerikaner und ihrer «Koalition der Willigen» im Frühjahr 2003? Mitnichten. Das Buch, von dem hier die Rede ist, ist bereits in die Jahre gekommen und heute vergriffen. Es erschien vor mehr als zwei Jahrzehnten, im Frühjahr 1982. Sein Titel: «Der fremde Freund – Amerika: eine innere Geschichte». Sein Autor: der deutsche Publizist Klaus Harpprecht.

Neben Dingen, die heute naturgemäss zeitgebunden oder gar überholt erscheinen, enthält das Buch immer noch erstaunlich aktuelle Einsichten in langfristige Entwicklungen und Tendenzen im transatlantischen Verhältnis. Seine Lektüre nach mehr als zwei Jahrzehnten macht aber auch klar, dass die stark tagespolitisch bedingten publizistischen Aufgeregtheiten seit dem 11. September 2001 und noch weit mehr nach dem Irak-Krieg 2003 einer nüchternen Analyse des transatlantischen Verhältnisses nicht unbedingt förderlich sind.

Zu viele Entwicklungen, die in der aktuellen Diskussion dieses Verhältnisses als «neu» oder gar als «radikaler

Bruch» mit der Vergangenheit gefeiert oder – je nach Standpunkt – beklagt werden, entpuppen sich bei näherem Zusehen als nicht so ganz neu und radikal. In der Hitze des Gefechtes fielen in der gegenwärtigen Debatte Worte, die besser nie gefallen wären, diesseits und jenseits des Atlantiks. All das leicht verächtliche Gerede in Washington von einem «alten» und einem «neuen» Europa, aber auch die oft larmoyanten Klagen mancher Europäer über die «unerträgliche Arroganz der US-Hyperpower» und ihr «neokolonialistisches, imperiales Gebaren» schiessen weit über das Ziel hinaus. Manche dieser moralisierenden Verdikte nehmen sich nach oft nur wenigen Monaten «Laufzeit» bereits reichlich dürftig und abgestanden aus.

Solche Stimmen sind trotzdem zu analysieren. Nicht, dass sie zum Nennwert genommen werden müssten. Ein Blick zurück in die Geschichte zeigt, dass im transatlantischen Verhältnis Emotionen, Nervosität und gegenseitiges Misstrauen keine neuen Erscheinungen sind. Antiamerikanismus in Europa hat Tradition, Antieuropäismus in den USA ebenfalls (auch wenn das letztere manche Europäer immer wieder erstaunt). Die harschen Töne der jüngsten Zeit – dies- und jenseits des Atlantiks – sind also keine Novität.

Aber, so kann man sich fragen, zeigen diese Töne nicht vielleicht doch eine neue Phase im europäisch-amerikanischen Verhältnis an? Oder ist gar die viel gepriesene transatlantische Gemeinschaft möglicherweise am Ende, wie da und dort bereits spekuliert wird? In den letzten Monaten sind darauf viele schnelle, manchmal auch vorschnelle Antworten gegeben worden. Das vorliegende Buch – das sei unbestritten – versucht sich ebenfalls an dieser reichlich komplexen Frage. In einigen Kapiteln wird das Problem explizit angegangen und die Frage auch direkt zu beantworten versucht. Andere Kapitel handeln von amerikanischen Institutionen und Phänomenen, die nicht unbedingt und direkt mit Europa und dem transatlantischen Verhältnis zu tun haben, es aber dennoch erheblich beeinflussen. Es sind Institutionen und Phänomene, die in Europa oft mit Argwohn, ja völligem Unverständnis zur Kenntnis genommen werden. Amerika, so heisst es wohl nicht ganz zu Unrecht, verstehe Europa letztlich wenig. Was Europäer nicht so recht wahrhaben wollen: um ihr Amerikaverständnis steht es kaum besser.

Was ist eigentlich mit Amerika los? Diese Frage wird in Europa heute noch und noch gestellt, meist ungeduldig und oft mit Kopfschütteln. Doch diese Ungeduld hat einiges damit zu tun, dass man die USA vor allem als Teil der eigenen Erfahrungswelt wahrnimmt.

Aber damit sind wir beim Kern des Problems angelangt. Die USA und ihre Gesellschaft sind trotz ihrer historisch-kulturellen Bindungen an Europa kein Wurmfortsatz der Alten Welt. So sehr sie mit ihr verbunden waren und immer noch sind, die Vereinigten Staaten definierten sich von allem Anfang an bewusst als Alternative zu Europa und seiner Gesellschaft. Dies sollte man sich vor allem in Europa bei jeder Diskussion über das Phänomen «Amerika» vergegenwärtigen. Ob die Gegensätze zwischen «alter» und «neuer» Welt in den letzten Jahren grösser und die Gräben tiefer geworden sind, bleibt eine

Streitfrage. Im Gefolge des 11. Septembers 2001 und vor allem des Irak-Kriegs 2003 scheinen viele Europäer diese Frage instinktiv zu bejahen. In manchen Bereichen dürfte ihre Vermutung wohl zutreffen.

Doch die Vorstellung von einer bislang recht homogenen westlichen Welt, die Anfang des 21. Jahrhunderts plötzlich auseinander bricht, ist falsch. Eine solche homogene transatlantische Welt hat es in Wirklichkeit nie gegeben. Der Kalte Krieg und seine Rhetorik haben während Jahrzehnten die Tatsache zugedeckt, dass der «Westen» diesseits und jenseits des Atlantiks – trotz auffälliger Gemeinsamkeiten – von allem Anfang an eben doch sehr Verschiedenes meint. In Abwandlung des Titels von Herbert Lüthis berühmtem Frankreich-Buch könnte man sagen: Amerikas Uhren gehen anders. Dass das Land in mancherlei Beziehung anders denkt, fühlt und nicht zuletzt auch handelt, ist seit dem Ende des Kalten Kriegs und vor allem seit dem 11. September wieder sichtbarer geworden.

Dieses Buch ist eine Sammlung von Aufsätzen zu Fragen von hoher politischer Aktualität. Es richtet sich vornehmlich an ein breites Publikum und geht deshalb mit Fussnoten möglichst sparsam um. Es basiert freilich auf der Lektüre unzähliger Bücher, Abhandlungen, Fach- und Zeitungsartikeln. Einige wenige sind am Schluss in einer kurzen Bibliografie zur vertiefenden Lektüre aufgeführt und empfohlen. Daneben stützen sich meine Überlegungen zum Thema auf viele Gespräche mit Vertreterinnen und Vertretern der US-Administration, des Kongresses, der Gerichte, Medien und der Think Tanks. Schliesslich sind diese Reflexionen auch das Resultat eigener journalistischer Arbeiten und vor allem meiner gegenwärtigen Lehrtätigkeit an der University of Wisconsin in Madison. Einige persönliche Beobachtungen und Erlebnisse sind da und dort in den Text eingeflossen. Dass es im Übrigen bei einer Aufsatzsammlung gelegentlich zu Überschneidungen kommt, ist unvermeidlich. Die gleichen Fakten und Phänomene können manchmal in verschiedenen Zusammenhängen von Bedeutung sein.

Das vorliegende Buch ist eine Sammlung von Essays über die USA und ihr Verhältnis zu Europa, geschrieben von einem Europäer, der die USA und ihr Verhältnis zu Europa seit Jahren beobachtet. Essays sind naturgemäss keine abschliessenden, streng systematischen Abhandlungen, sondern Versuche, politische, gesellschaftliche und kulturelle Entwicklungen zu skizzieren. Sie haben damit unausweichlich etwas Vorläufiges an sich. Aber das ist diesem Thema wohl angemessen. Die einstige israelische Premierministerin Golda Meir hat einmal gemeint: «Zeitgeschichte sollte man nur mit dem Bleistift schreiben.» Das gilt nicht zuletzt auch für das Thema, das in den folgenden Kapiteln zur Debatte steht.

Die USA und Europa:
Das Ende einer Partnerschaft?

Man kann die Sache drehen, wie man will. Für viele Zeitgenossen ist die viel gerühmte und viel beschworene transatlantische Partnerschaft mit dem Irak-Krieg 2003 am Ende. Kritische, nachdenkliche, ja schrille Stimmen sind in letzter Zeit beidseits des Atlantiks auszumachen. Bereits die harte amerikanische Reaktion auf den 11. September 2001 hatte in Europa zu äusserst kritischen Kommentaren geführt. Vom «Weltpolizisten», der ohne Rücksicht auf Verluste und örtliche gesellschaftliche Gegebenheiten zurückschlage, war da die Rede. Auffallend viele Kommentare sprachen vom gefährlichen, ja leichtfertigen Umgang Amerikas mit Gewalt und Gewaltanwendung im Kampf gegen den internationalen Terrorismus. Symptone würden da bekämpft, so wurde moniert, nicht aber ihre Ursachen. Die schrittweise, in den Augen vieler Europäer geradezu ostentative Vorbereitung des Irak-Krieges seit dem Frühjahr 2002 brachte dann das Fass vollends zum Überlaufen. Eine klare Mehrheit der Europäer und auch ihrer Regierungen verweigerten dem Partner jenseits des Atlantiks die Gefolgschaft. Nicht nur Politiker, auch Leitartikler aller Schattierungen sprachen offen von einem Zerwürfnis, einem tiefen Graben, ja in einigen Fällen von einem Kollaps der europäisch-amerikanischen Partnerschaft. Die ursprüngliche Erregung hat sich mit dem Irak-Krieg zwar etwas gelegt. Im Frühjahr 2004 wird da und dort von der Notwendigkeit eines Brückenschlags gesprochen. Aber vor allem auf europäischer Seite bleibt die Skepsis beträchtlich.[1]

In der Alten Welt wurde mit der Kontroverse gar eine eigentliche Grundsatzdebatte über Europas Identität und seine Abgrenzung gegenüber dem langjährigen transatlantischen Verbündeten losgetreten. Auslöser war eine nonchalant vorgetragene Provokation des amerikanischen Verteidigungsministers Donald Rumsfeld über das angeblich «alte Europa», das zunehmend im Widerstreit mit dem «neuen Europa» stehe. Das «alte Europa», so liess er durchblicken, sei um die kriegsskeptischen Regierungen in Paris und Berlin gruppiert, das «neue» durch die «transatlantischen» Führungen in London, Madrid, Rom und den meisten ost-mitteleuropäischen Ländern repräsentiert. Die Provokation des kaustischen Amerikaners setzte in Europa ungeahnte Energien frei. Beinahe über Nacht brachte das in der Alten Welt nicht nur Politiker, und Politik-Kommentatoren, sondern für einmal auch unzählige Intellektuelle und Feuilletonredaktoren in Fahrt. Der deutsche Philosoph Jürgen Habermas meinte in der «Frankfurter Allgemeinen» kurz nach dem Irak-Feldzug, dass mit diesem «völkerrechtswidrigen Vorgehen» die Amerikaner «künftigen Supermächten ein verheerendes Beispiel» gäben. «Machen wir uns nichts vor: die normative Autorität Amerikas liegt in Trümmern», stellt er lapidar fest. Und gemeinsam mit seinem französischen Fachkollegen Jacques Derrida fordert er in einem Aufruf, ein neues Europa müsse «sein Gewicht auf internationaler Ebene [...] in die Waagschale werfen, um den hegemonialen Unilateralismus der Vereinigten Staaten auszubalancieren».[2]

Die von Intellektuellen lautstark geforderte Grundsatzdebatte blieb zwar weitgehend aus. Aber für einmal dürften viele von ihnen zumindest eine gewisse Sympathie für ihr Anliegen bis tief ins konservative Lager hinein verspürt haben. Auch wenn manche amerikanischen

Kommentatoren es nicht so recht wahr haben wollten: die grosse Mehrheit der europäischen Öffentlichkeit war gegen den Krieg. Ob mit diesem Krieg, oder präziser, den grossen europäischen Strassendemonstrationen gegen ihn, die «Geburt einer europäischen Öffentlichkeit» (Habermas), angezeigt wurde, ist alles andere als klar. Zweifel sind erlaubt. Unbestreitbar ist aber die Tatsache, dass Europa sich im Vor- und Umfeld des Irak-Kriegs überraschend deutlich gegen die USA definierte.

Auf der anderen Seite des Atlantiks wurde ebenfalls Fraktur geredet. Bereits im Sommer 2002, also nur ein knappes Jahr nach dem Terroranschlag auf das World Trade Center und das Pentagon, publizierte der amerikanische Neokonservative Robert Kagan einen Aufsatz, den er später in leicht veränderter Form als schmales Buch unter dem Titel: «Of Paradise and Power» herausgab.[3] Schon der Aufsatz begann mit dem inzwischen berühmt gewordenen, von Anhängern wie Kritikern gleichermassen oft zitierten Satz: «Wir sollten nicht länger so tun, als hätten Europäer und Amerikaner die gleiche Weltsicht oder als würden sie auch nur in der gleichen Welt leben. In der alles entscheidenden Frage der Macht – in der Frage nach der Wirksamkeit, der Ethik, der Erwünschtheit von Macht – gehen die amerikanischen und europäischen Ansichten auseinander.»[4]

Der Satz hat mittlerweile Geschichte gemacht. Zusammen mit andern, im Ton höflichen, aber inhaltlich scharf kritischen Statements seziert Kagan das amerikanisch-europäische Verhältnis. Für ihn ist es offensichtlich, dass die Interessenlage in vielen politischen und strategischen Fragen für Europär und Amerikaner nicht mehr die Gleiche ist. Die natürliche Folge dieses Tatbestands: die beiden Welten driften auseinander, möglicherweise irreversibel.

Kagans Thesen, wenn auch in manchen Einzelheiten selbst im konservativen Lager nicht unumstritten, haben viele Gefolgsleute gefunden. «Goodbye to Europe?», dieser Titel (mit und ohne Fragezeichen) findet sich gleich in mehreren Abhandlungen, Aufsätzen und Kommentaren amerikanischer Autoren. Und nicht nur Neo- und andere Konservative kommen dabei zum Schluss, dass man in der Tat von der bisherigen transatlantischen Partnerschaft Abschied nehmen müsse. Einige sagen das mit Bedauern. Andere scheinen sich darüber zu freuen.

Ist die transatlantische Partnerschaft, zumindest so wie wir sie heute kennen, tatsächlich am Ende? Der politische und publizistische Lärm der letzten Zeit lässt es vermuten. Doch dieses Verhältnis, schaut man es sich aus einer gewissen geschichtlichen Distanz kritisch an, war niemals ein einfaches, im Gegenteil. Und manches, was heute auf beiden Seiten des Atlantiks in Frustration und Bitterkeit gesagt wird, hat man – vielleicht etwas höflicher – schon vor Jahrzehnten gehört. Die Geschichte der amerikanisch-europäischen Missverständnisse, Reibereien und Meinungsverschiedenheiten ist lang. Sie hat weit vor dem 11. September 2001 oder dem Irak-Feldzug 2003 begonnen. Mit anderen Worten: Die beiden Ereignisse haben zwar die alten politischen und letztlich kulturellen Unterschiede zwischen Europa und den USA mehr als je deutlich gemacht und wohl auch verstärkt. Geschaffen haben sie die-

se aber nicht. Deshalb greift auch alles europäische Weh-
klagen über die «insensitive» Bush-Administration (George W.) als Ursache des gegenwärtigen Malaise zu kurz.

Das Wetterleuchten am transatlantischen Horizont
war schon seit einigen Jahren sichtbar. Selbst bei Anläs-
sen, die die amerikanisch-europäische Partnerschaft bekräftigen und zelebrieren sollten. Ende April 1999 feier-
ten die NATO-Staaten in Washington das 50-Jahr-Ju-
biläum des Nordatlantikpakts und gleichzeitig auch die
Aufnahme dreier ehemaliger Warschau-Pakt-Staaten, der
Tschechischen Republik, Polens und Ungarns. Es war ein
rauschendes Fest in einem riesigen Zelt im Garten des
Weissen Hauses. Präsident Clinton begrüsste nicht nur die
Staats- und Regierungschefs sowie deren Aussen- und
Verteidigungsminister der 19 NATO-Mitgliedländer, sondern auch hohe Vertreter zugewandter Staaten, welche in
der «Partnership For Peace» mitmachen. Das verschaffte
auch den Schweizern die Ehre, und ich hatte als damaliger
schweizerischer Botschafter die angenehme Aufgabe, unter anderem den Aussen- und Verteidigungsminister unseres Landes ins Weisse Haus zu führen. Die Stimmung
war festlich, das Essen ausgezeichnet, und das Orchester
der Washington Opera spielte aus dem Repertoire der Alten wie Neuen Welt, von Brahms, Strauss und Offenbach
bis hin zu George Gershwin (nota bene unter dem deutschen Dirigenten Heinz Fricke, der nur zehn Jahre zuvor
als Chefdirigent der [ostdeutschen] Staatsoper in Berlin
noch für die DDR-Prominenz aufzuspielen pflegte). Man
feierte und würdigte in kurzen Reden die transatlantische
Vergangenheit und Zukunft. Ich erinnere mich, dass nach
einer der Ansprachen mein Tischnachbar, ein hoher fran-

zösischer Diplomat, kühl bemerkte: «Was wir hier gerade erleben, ist nicht ein neuer Höhepunkt, sondern der Anfang vom Ende der transatlantischen Gemeinschaft». Die Zeit der grossen transatlantischen Partnerschaft sei vorüber, meinte er. Was nun komme, seien zunehmende Spannungen und Reibereien in Politik, Wirtschaft und Kultur. Und dann fügte er noch viel sagend bei: «Glauben Sie mir, Antiamerikanismus in Europa wird sehr bald zu einem ernsthaften politischen Problem werden.»

Nun wird man allerdings gut daran tun, solche Worte eines französischen Diplomaten auf dem Hintergrund der traditionellen Sticheleien und Boshaftigkeiten zu sehen, mit denen das offizielle Frankreich seit vielen Jahrzehnten die Amerikaner erfolgreich und nachhaltig zu ärgern versteht. Hatte nicht schon Präsident De Gaulle 1966 für mehr als nur ein bisschen Missstimmung gesorgt, als er mit einem Donnerschlag Frankreichs Austritt aus der Militärstruktur der NATO verkündete und damit das Bündnis zwang, sein Hauptquartier kurzfristig von Paris nach Brüssel zu verlegen? Und war nicht im gleichen Jahr 1999 in Frankreich ein Buch des grünen Politikers (und späteren Präsidentschaftskandidaten Noël Mamère erschienen, das mit den Amerikanern gnadenlos abrechnete? Sein Titel: «Non Merci, Oncle Sam». Mamères Botschaft war simpel und klar: Frankreich und der Rest Europas haben es satt, haben genug von der amerikanischen Dominanz und Arroganz in Politik, Wirtschaft und Kultur. Im Schlusskapitel ruft Mamère seine europäischen Leser geradezu auf, direkt und ohne Umschweife «antiamerikanisch» zu sein.[5]

Noël Mamère war und ist kein Einzelfall. Wer in den letzten Jahren europäische Zeitungen, Zeitschriften und

Buchpublikationen durchsah, konnte kaum übersehen, wie stark sich der Ton gegenüber den Amerikanern verändert hat. Umfragen in den verschiedensten europäischen Ländern zeigen seit der Mitte der Neunzigerjahre das Anwachsen weit verbreiteter antiamerikanischer Stimmungen und Gefühle. Es ist zugegebenermassen zwar so, dass diese in ehemaligen Ostblockländern weit weniger ausgeprägt sind als im Westen und Süden unseres Kontinents, doch der allgemeine Trend ist unübersehbar. Daran hat auch der 11. September letztlich wenig geändert. Nach einer anfänglichen Welle der Sympathie und des Mitgefühls wurde wegen der harten amerikanischen Reaktion darauf bald wiederum europäische Kritik laut. Und der Irak-Kieg brachte, wie erwähnt, die Stimmung erneut auf den Siedepunkt.

Dem Phänomen des europäischen Antiamerikanismus ist später ein eigenes Kapitel gewidmet. An dieser Stelle interessiert uns nur die Frage, ob die in letzter Zeit besonders lauten antiamerikanischen Töne in Europa das Ende der transatlantischen Partnerschaf anzeigen.

Die Frage wird – wie üblich in solchen Fällen – höchst verschieden beantwortet. Auf beiden Seiten des Atlantiks gibt es Stimmen, die das nahe Ende dieser Partnerschaft voraussehen. Und auf beiden Seiten gibt es ebenso Leute, die vor einem solchen – wie sie meinen – voreiligen Schluss eindringlich warnen. Paradoxerweise könnten beide Seiten Recht bekommen. Vieles lässt darauf schliessen, dass die viel beschworene transatlantische Gemeinschaft, so wie wir sie kennen, ihre besten Tage hinter sich hat. Anderseits erleben wir gegenwärtig so etwas wie eine

Diskussion über die Neudefinition des amerikanisch-europäischen Verhältnisses. Zwar wird offiziell noch immer das leicht pathetische Vokabular des «Transatlantismus» verwendet, das in den schicksalsschweren Zeiten des Zweiten Weltkriegs in Gebrauch kam. Doch Geist und Zielsetzungen der «neuen» transatlantischen Gemeinschaft haben sich verändert, die Beziehungen sind insgesamt nüchterner geworden.

Das Schwächerwerden der transatlantischen Bindungen hat zunächst mit Gründen zu tun, die Robert Kagan in seinem erwähnten Buch bewusst plakativ zur Diskussion gestellt hat. Seine Grundthesen haben wegen ihrer Simplizität sowohl in den USA als auch in Europa enormes Aufsehen erregt und eine Menge von Anhängern und Kritikern auf den Plan gerufen.

Kagans zentraler Ansatz in seiner Analyse der US-europäischen Beziehungen ist letztlich ein zutiefst geschichtlicher. Geschichte, oder besser, die Verschiedenheit in der geschichtlichen Entwicklung beidseits des Atlantiks, hat letztlich für Kagan zum transatlantischen Graben geführt. Das ist an sich – zumindest für Historiker – alles andere als eine revolutionäre Einsicht. Doch sein hartnäckiges Bestehen auf diesem Ansatz hat die transatlantische Diskussion ein gutes Stück weitergebracht.

Zu sehr ist die Debatte über dieses Verhältnis gerade in den letzten Jahren immer wieder unter «völkerpsychologischen» Gesichtspunkten geführt worden. Munter und ohne grosse intellektuelle Hemmungen übt man sich da auf beiden Seiten des Atlantiks im Austeilen von kräftigen Zensuren. Aus europäischer Sicht sieht das ungefähr folgendermassen aus: «Amerikaner» zeigen eine «gefährliche Lust am Dreinschlagen», spielen sich ungefragt als «Sheriff der Weltpolitik» auf und bekunden in bester «Cowboy-Manier» erschreckende Mühe bei der Analyse weltpolitischer Vorgänge. Dinge sind für sie entweder schwarz oder weiss, gut oder böse, aber selten etwas zwischendurch. «Europäer» hingegen, so diese Selbsteinschätzung in der Alten Welt, gehen internationale Probleme subtil und differenziert an, vermeiden wenn immer möglich gewaltsame, kriegerische Lösungen und tendieren deshalb zu Geduld, tragfähigen Kompromissen und schrittweisen Lösungen. Die Dinge dieser Welt sind nun einmal nicht einfach schwarz oder weiss, sie präsentieren sich vielmehr als eine nuancierte Palette von Grautönen.

Auf der anderen Seite des Atlantiks wird diese Einschätzung von den «harten Amerikanern» und den «weichen Europäern» grundsätzlich geteilt. Die Wertungen und Schlussfolgerungen allerdings fallen ziemlich anders aus: «Amerikaner» sind nicht wie «Europäer» prozess-, sondern resultatorientiert. Kompromisse sind zweifellos nötig, doch in bestimmten Situationen ist Handeln gefragt, nicht Debattieren. Gefordert ist Stärke, Macht und Entschlossenheit, nicht endloses Taktieren und Abwarten. «Europäer» mögen ein Flair für Geduld, Kompromisse und Nuancen haben. Aber das ist im entscheidenden Moment aus amerikanischer Sicht oft geradezu eine Einladung an Diktatoren und Unrechtsregimes, es mit Gewalt zu versuchen. Wer die grauenvollen Ereignisse in Bosnien und Kosovo nur im Grauraster der Differenzierung sieht, wird nie entschlossen eingreifen und solche Schlächtereien stoppen können.

Solche Stereotypen sind weit verbreitet, hüben wie drüben. Es ist zwar richtig, dass sie in Europa eher auf der linken und links-liberalen Seite, in den USA dagegen eher im konservativen Lager populär sind. Dennoch fällt auf, dass etwa im privaten Gespräch mit durchaus liberalen US-Intellektuellen diese Klischees über das «weiche» und «geschichtsmüde» Europa ebenfalls häufig auftauchen. Und bei einer Tagung über das transatlantische Verhältnis in Oslo im Sommer 2003 höre ich, wie ein eher konservativer norwegischer Politiker umgekehrt weitgehend die «linke» These von den «gewalttätigen» Amerikanern übernimmt. Die Beliebtheit dieser Klischees lässt vermuten, dass sie trotz aller Verzerrungen und Übertreibungen eben doch mehr sind als populäre Platitüden. Anders gesagt: «Amerikaner» entschliessen sich tatsächlich leichter als Europäer, in einer bestimmten politischen Situation Gewalt anzudrohen und anzuwenden. Und «Europäer» sind in der Tat mehr daran interessiert, in der gleichen Situation die Lösung des Problems wenn immer möglich über Gespräche, Verhandlungen und Kompromisse anzustreben.

Doch diese Unterschiede – das unterstreicht auch Robert Kagan nachdrücklich – haben wenig mit dem angeblichen Volkscharakter der Europäer oder der Amerikaner zu tun. Es ist zwar bequem, über die «Cowboy-Mentalität» der Amerikaner oder die «kleinkarierte Taktiererei» und «notorische Unentschlossenheit» geschichtsmüder Europäer zu spotten. Amerikaner und

Europäer mögen sich oft durchaus etwa so verhalten. Aber sie tun es nicht, weil diese Haltungen Bestandteil ihrer «Volkspsyche» wären, sondern weil sie zu diesen Positionen und Grundeinstellungen durch bestimmte geschichtliche Erfahrungen gekommen sind.

Kagan ist nicht der Erste, der diese Beobachtung macht. Auch bringt er in seinem kurzen Essay gezwungermassen auch kaum viele historische Belege für seine These. Aber sein hartnäckiges Insistieren auf der «Geschichtlichkeit» so genannter «amerikanischer» und «europäischer» Verhaltensweisen hat nicht nur die Historikerzunft veranlasst, in der Geschichte für Belege seiner These zu suchen.

Und solche Belege finden sich mehr als genug. Das heute macht-skeptische Europa hat in der Tat bis weit ins 20. Jahrhundert Machtpolitik par excellence betrieben. Es hat sie betrieben, *weil* es mächtig war. Die USA hingegen haben bis weit ins letzte Jahrhundert auffällig auf Diplomatie, Ausgleich und Verhandeln gesetzt, weil sie die Macht (noch) nicht hatten und im Schatten der grossen europäischen Mächte und Kolonialreiche standen. Die amerikanische Diplomatie genoss im 19. wie im frühen 20. Jahrhundert einen geradezu legendären Ruf, hinter den Kulissen verfeindete Drittstaaten an einen Tisch zu bringen und Kompromisslösungen zu finden.[5]

Bis gegen Ende des Ersten Weltkriegs wurde mehr oder weniger konsequent der Ratschlag befolgt, den der scheidende George Washington bei seinem Rücktritt 1796 als erster Präsident seinen Landsleuten mit auf den

Weg gegeben hatte. Man solle sich aus den politischen Händeln der Welt (d. h. vor allem der Europäer) heraushalten und bescheiden seinen eigenen Weg gehen. Washingtons «Farewell Address» wurde von amerikanischen Isolationisten im 19. und auch noch im 20. Jahrhundert immer und immer wieder als Beweis dafür angeführt, dass die Gründungsväter der Republik die USA als neutrales, bündnisfreies und weitgehend autarkes Land gesehen hatten. Die Rede eignet sich bei näherer Lektüre zwar schlecht für die Stützung des Mythos einer isolationistischen USA. Sie hatte aber dennoch oft diese Wirkung. Wenn immer die USA den Eintritt in einen Krieg diskutierten, sie wurde noch und noch eifrig bemüht und zitiert. Das war im Ersten Weltkrieg nicht anders als im Zweiten. Und selbst in Korea, Vietnam oder auch vor dem Irak-Feldzug flackerte George Washingtons Mahnung zumindest kurz auf.

Aber die angebliche Warnung des grossen Präsidenten vor einer aktiven US-Aussenpolitik konnte nicht verhindern, dass die Nation halb frei-, halb unwillig im 20. Jahrhundert zu einer der führenden Grossmächte und schliesslich nach 1989 zur einzigen Supermacht dieser Erde wurde. Diese neue Situation veränderte die Haltung und das Verhalten der USA auf der internationalen Bühne nachhaltig. War man im 19. Jahrhundert bewusst bescheiden geblieben und Konflikten mit den Europäern wenn immer möglich aus dem Weg gegangen, so spielte man nun diese Macht wenn nötig bewusst aus. Man benutzte die Macht, weil man sie *hatte*. Die Folge: Das Bild einer arroganten Weltmacht, die ohne grosse Rücksicht auf ihre Partner ihren Willen durchsetzt, wurde mehr und mehr zum Versatzstück fast jeder (Anti-) Amerika-Diskussion, nicht zuletzt in Europa.

Europa ging den gleichen Weg, aber in umgekehrter Richtung. Seit Jahrhunderten und bis tief ins 20. Jahrhundert hinein wurde weltweit Grossmachtpolitik betrieben. Man *hatte* die Macht und *benutzte* sie. Dies geschah nicht nur in Europa selbst, sondern auch in Afrika, Asien, dem pazifischen Raum und nicht zuletzt Nord- und Südamerika. Machtpolitik wurde gross geschrieben. Militärinterventionen und Gewaltanwendung gehörten beim Aufbau grosser Kolonialreiche zum Inventar jeder nationalen Aussenpolitik, in Madrid ebenso wie in Paris, London oder – relativ spät – Rom und Berlin. Armeen und ihr potenzieller Einsatz waren eines der «überzeugendsten» Hauptargumente der europäischen Diplomatie, nicht zuletzt wenn es darum ging, politische und wirtschaftliche Interessen effizient und rasch durchzusetzen. Das ganze europäische Machtgefüge und das dahinter stehende Machtdenken kam erst zum Einsturz, als der Kontinent sich in zwei mörderischen Bruderkriegen buchstäblich an den Abgrund eines Suizids manövrierte. Der von Adolf Hitler entfesselte Zweite Weltkrieg bedeutete das Ende dieses «alten Europas». Er bedeutete letztlich auch die – nicht freiwillige – Aufgabe einer jahrhundertelang rücksichtslos praktizierten europäischen Machtpolitik. Von nun an gaben auf westlicher Seite die Amerikaner den Ton an. Das Ende des Zweiten Weltkriegs signalisierte so das Ende eines europäisch dominierten Systems der Grossmächte.
Doch man konnte sich die alten Gewohnheiten auch im neuen Umfeld nicht ganz ohne Schwierigkeiten abge-

wöhnen. Nur elf Jahre nach dem Ende des Zweiten Weltkriegs versuchten es zwei der ehemaligen Weltmächte
nochmals. Im Oktober 1956 intervenierten Grossbritannien und Frankreich im geheimen Zusammenspiel mit Israel in einer militärischen Blitzaktion in der Suezkanalzone,
die der ägyptische Präsident Gamal Abdel Nasser zuvor
unter ägyptische Kontrolle gebracht hatte. Die Aktion
war militärisch zwar insgesamt erfolgreich. Sie hatte aber
den Schönheitsfehler, dass sie hinter dem Rücken der völlig überraschten US-Regierung gestartet und durchgeführt wurde. Die Folge: Nach einem US-Ultimatum (und
offenen Drohungen aus Moskau) mussten die beiden
ehemaligen Grossmächte über Nacht den Rückzug antre-
ten. Ihre Grossmachtsträume waren – trotz ihres weiterhin garantierten Vetorechts im Weltsicherheitsrat – öffentlich und endgültig desavouiert worden. Paris und
London zogen die bitteren Konsequenzen aus dem Debakel. Allerdings nicht die gleichen. Paris wandte sich in
der Folge bewusst Europa zu, das es – in Zusammenarbeit
mit Deutschland – nicht zuletzt als ein Gegengewicht zu
den USA verstanden haben wollte. London folgerte aus
der Suezkrise, dass seine politischen Interessen am besten
als Juniorpartner in einer «special relationship» mit der
ehemaligen Kolonie in Nordamerika gesichert würden.
Die beiden damals in London und Paris gewählten Wege
wirken bis auf den heutigen Tag nach und bestimmten
auch die sehr unterschiedlichen Positionen der einstigen
Suez-Partner im Irak-Krieg 2003.

So oder so aber: Europa ist seit der zweiten Hälfte des
20. Jahrhunderts – rein machtpolitisch gesehen – ein Schatten seiner selbst. Die Europäische Union, nicht zuletzt auf

Drängen Frankreichs und – in geringerem Masse – Deutschlands, versucht sich als neue sicherheitspolitische Kraft zu etablieren. Bis jetzt mit eher geringem Erfolg. Europa ist wirtschaftlich ein Riese, kein Zweifel. Politisch ist es aber noch immer ein Zwerg, militärisch ein Wurm.

Man kommt nicht um den Eindruck herum, dass in Fragen der Macht und Machtanwendung Europa aus der Not eine Tugend gemacht hat. Man weiss, dass machtpolitisch gesprochen die Situation vor dem Zweiten Weltkrieg nicht wiederhergestellt werden kann. Und man weiss, dass die USA auf absehbare Zeit ihre weltweite Vormachtstellung kaum abgeben werden. So kultiviert man – nicht ohne eine gewisse innere Logik – einen «europäischen Weg» zu einer Führungsrolle auf der internationalen Bühne. Es ist ein Ansatz, welcher Europas Stärke schwergewichtig im Bereich der Wirtschaft und der «soft power» (Kultur, Wertvorstellungen, Institutionen) sieht, dem Kern der «hard power», dem Militär und der Sicherheitspolitik, dagegen eine bescheidene Rolle zuweist.[7] Diese Haltung wird vielerorts als «realistisch» und selbst «zukunftsorientiert» gepriesen. Dennoch, ohne ein Überdenken der sicherheitspolitischen Rolle Europas läuft der Kontinent Gefahr, trotz seiner wirtschaftlichen Kraft zu einem Statisten auf der internationalen Bühne zu werden.

Für den langsam breiter werdenden Graben zwischen Europa und den USA gibt es aber auch Gründe, die Robert Kagan bloss streift oder gar nicht erwähnt. Sie haben mit Fakten zu tun, die zwar an sich bekannt sind, dennoch aber erstaunlicherweise – vor allem in

Europa – von vielen nur widerwillig zur Kenntnis genommen werden.

Da ist zunächst die Tatsache, dass mit dem Ende des Kalten Krieges eine fast 50-jährige besondere amerikanisch-europäische Partnerschaft zu Ende ging. Es war eine Partnerschaft, die durch die gemeinsame Bedrohung durch das Sowjetimperium von aussen buchstäblich zusammengeschweisst wurde. Das sichtbare Element dieses gemeinsamen Willens zur Verteidigung westlicher Werte war die NATO, konzipiert als Antwort auf die sowjetische Herausforderung. Diese Herausforderung und diese Bedrohung sind Geschichte. Die NATO existiert zwar mit veränderten Zielsetzungen weiter und hat bereits weitere Mitglieder aus dem ehemaligen Ostblock aufgenommen. Ihre Zielsetzungen sind in einem gewissen Sinne sogar ausgeweitet worden, inhaltlich wie geografisch. Doch die NATO, die einst Europa und Amerika im Kampf gegen den sowjetrussischen Herrschaftsanspruch zusammenbrachte, gibt es nicht mehr.

Zweitens, die alte politische Generation der so genannten Atlantiker ist abgetreten, auf beiden Seiten des Atlantiks. Gerhard Schröder und Joschka Fischer in Deutschland etwa haben generationsbedingt, aber auch von ihrer politischen Herkunft her, kaum mehr die gleichen emotionalen Bindungen an die transatlantische Gemeinschaft wie etwa Helmut Kohl oder gar dessen grosses Vorbild Konrad Adenauer. Ähnliches gilt für die neuen Führungen in den meisten europäischen Ländern, aber auch in den USA. Auch jenseits des Atlantiks sind die sogenannten *East Coast Internationalists* generationsbe-

dingt grösstenteils abgelöst worden. Die neue Führungs-
schicht in beiden Parteien kommt nicht ausschliesslich,
aber doch immer häufiger aus dem Süden und Westen.
Dasselbe gilt für Präsidenten seit dem Tod von J. F. Kennedy 1963: Johnson, Nixon, Carter, Reagan, Clinton und
George W. Bush wurden als Südstaatler oder Repräsen-
tanten des Westens gewählt. Auch der ursprünglich aus
Neuengland stammende George H. Bush präsentierte
sich als Texaner. Die einzige wirkliche Ausnahme war der
Midwesterner Gerald Ford, der allerdings ohne Volks-
wahl ins Amt kam. Für die Leute an den Schalthebeln in
Washington sind Europa und die transatlantischen Beziehungen zwar noch immer wichtig, aber eine absolute und
erste Priorität sind sie nicht mehr. Das Häuflein der un-
verzagten «Transatlantiker» in der Welt von Washingtons
Politzirkeln und Think Tanks wird von Jahr zu Jahr kleiner.

Die USA schauen vermehrt nach Asien, das sie – wohl
nicht ganz zu Unrecht – als geopolitisch wichtiges Gravi-
tationszentrum der Zukunft sehen. Es ist immer wieder
erstaunlich, wie Europäer, sogar ihre politischen und intellektuellen Führungsspitzen, nicht zur Kenntnis nehmen wollen, wie sich die politische, wirtschaftliche und
strategische Ausrichtung der USA nach Westen und in
den pazifisch-asiatischen Raum verschoben hat und weiter verschiebt. Sie übersehen, dass die USA längst auf
dem Weg zu einer pazifischen Macht sind, die ihre dorti-
gen Interessen, wie auch jene in Lateinamerika, weit be-
harrlicher wahrnimmt als noch vor 20 oder 30 Jahren.
Und Europäer verdrängen auch gerne die geradezu dra-
matischen demografischen Umschichtungen in den USA.

Seit rund 40 Jahren ist die in den letzten Jahrzehnten erneut angeschwollene Einwanderung eine vornehmlich asiatische und lateinamerikanische Angelegenheit. Europa hingegen spielt diesbezüglich nur noch eine Statistenrolle. Waren 1970 noch 62% der in den USA lebenden Immigranten Europäer, waren es 1980 noch 39% und 1990 23%. Bei der letzten Volkszählung im Jahre 2000 war der europäische Anteil unter den in den USA lebenden Immigranten gar auf 15% abgesunken. Umgekehrt stieg der Anteil der karibisch-lateinamerikanischen Immigranten von 19% im Jahre 1970 auf rund 51% bei der Volkszählung 2000. Und gleichzeitig wird auch der rasch steigende Anteil der Asiaten in der amerikanischen Bevölkerung statistisch eindrücklich sichtbar. Waren 1970 nur rund 9% der im Lande lebenden Immigranten aus Asien eingewandert, stieg ihr Anteil in den letzten 30 Jahren auf bereits mehr als 26%. 2005 dürfte ihr Anteil bereits doppelt so hoch sein wie derjenige der europäischen Einwanderer.

Wenn man diese Zahlen in Rechnung stellt und auch an die 12% «African-Americans» denkt, die in den letzten Jahrzehnten zunehmend selbstbewusster auf ihr eigenes soziales und kulturelles Erbe pochen, kommt man als Europäer nicht umhin, gewisse Schlussfolgerungen zu ziehen. Diese demografischen Entwicklungen werden langfristig zwangsläufig einen erheblichen Einfluss auf das US-amerikanische Selbstverständnis als Nation und Gesellschaft haben. Das europäische, vor allem angelsächsische Erbe wird auch in Zukunft die Gesellschaft der USA stark prägen. Aber andere kulturell-ethnische Einflüsse werden naturgemäss stärker. Die traditionsreiche transatlantische Beziehung bekommt dies mehr und mehr zu spüren.

Ein Letztes in diesem Zusammenhang: Wir Europäer unterschätzen sehr oft auch die geradezu massive demografische Verschiebung von Ost nach West, die sich im Innern der USA seit Jahrzehnten abspielt. Einige Zahlen: 1950 lebten gemäss der offiziellen US-Volkszählung rund 26% im Nordosten, 29% im Mittleren Westen. Beides sind Regionen, die wirtschaftlich und kulturell traditionell enge Beziehungen mit Europa pflegen. Nur 13% lebten damals im pazifisch ausgerichteten Westen der USA. Das hat sich auffällig geändert: Im Jahre 2000, nur 50 Jahre später, lebten mehr als 22% im Westen, während der Nordosten noch knapp 19% der Gesamtbevölkerung stellt. Gemäss den letzten Projektionen dürfte dieser Trend nicht nur anhalten, sondern sich gar noch beschleunigen. Der Westen wird demnach in gut 20 Jahren (2025) bereits 26%, der Nordosten dagegen nur noch 17% und der Mittlere Westen rund 20% der US-Bevölkerung beheimaten. Diese demografische Verlagerung von der atlantischen Ostküste zum pazifisch-asiatisch ausgerichteten Westen bringt zwangsläufig auch eine Verlagerung der geopolitischen und wirtschaftlichen Interessen der USA mit sich.

Das bringt uns zum dritten Grund für das langsame Auseinanderdriften der beiden Welten diesseits und jenseits des Atlantiks.

Obwohl die ökonomischen Bindungen zwischen den USA und Europa immer noch eng und stark sind, wurden sie in den letzten Jahren – relativ gesehen – dennoch erkennbar schwächer. Die Situation ist wohl nicht dramatisch, zumindest nicht im Augenblick. Aber die Zahlen sprechen für sich selbst. Bereits 1983 überholte Asien Europa als Hauptmarkt für den USA-Handel. Heute, fast 20 Jahre später, ist das Handelsvolumen zwischen den USA und Asien mehr als anderthalbmal so gross wie dasjenige mit Europa. Ökonomen gehen davon aus, dass es in wenigen Jahren bereits doppelt so gross sein wird. Was auf den ersten Blick erstaunen mag, ist die Tatsache, dass im Bezug auf die gegenseitigen Direktinvestitionen der amerikanisch-europäische Investitionsmarkt immer noch deutlich grösser ist als der amerikanisch-asiatische. Doch selbst hier lässt sich ein langfristiger Trend in Richtung Asien nicht übersehen.

Alle diese Entwicklungen sind in Europa zwar an sich bekannt. Doch nach wie vor betrachtet man vielerorts die USA als eine Art Verlängerung und Sonderform Europas jenseits des Atlantiks, noch immer weitgehend mental und kulturell ausgerichtet auf die Alte Welt. Dass die Bindungen mit Europa im amerikanischen Bewusstsein noch immer stark sind, wird niemand ernsthaft bestreiten. Doch sie werden – im historischen Kontext gesehen – Jahr für Jahr schwächer.

Ist nun die transatlantische Partnerschaft damit am Ende? In einem gewissen Sinne ist sie es. Oder genauer gesagt: Die atlantische Partnerschaft, die sich seit dem Zweiten Weltkrieg und dann vor allem seit 1949 rund um die NATO solid entwickelte, hat viel von ihrem Kitt, ihrem Zusammenhalt und ihrem Selbstbewusstsein verloren. Es lässt sich nicht übersehen: Das halbe Jahrhundert zwischen dem Zweiten Weltkrieg und dem Zusammenbruch des bipolaren Machtsystems 1989 war wohl die intensivste Phase in der Geschichte der transatlantischen Beziehungen. Nie zuvor, weder im späten 18., noch im 19. und schon gar nicht im frühen 20. Jahrhundert war die Idee einer transatlantischen Gemeinschaft zwischen Europa und den USA besonders populär. Gerade auf amerikanischer Seite beobachtete man die z.T. äusserst blutigen Machtspiele der Europäer mit grösstem Argwohn. Man wollte möglichst wenig mit dieser «alten» Welt und ihrer schwer verständlichen Geschichte und Geisteshaltung zu tun haben. Im Ersten Weltkrieg entschloss man sich erst spät (1917) und nur nach endlosen, hoch emotionalen Debatten zum Kriegseintritt. Im Zweiten war die Abneigung gegen eine Verwicklung in die Schlächtereien auf dem europäischen Kontinent wohl noch stärker. Erst der japanische Überraschungsangriff auf Pearl Harbour im Dezember 1941 und die anschliessende Kriegserklärung Adolf Hitlers an die USA sorgten für einen radikalen Stimmungsumschwung im Lande.[8]

Der Kampf gegen Nazideutschland und seine Verbündeten, später die politischen und ideologischen Auseinandersetzungen mit dem Imperium des Josef Stalin und seiner zusehends glücklosen Nachfolger haben geschichtlich die Idee des Transatlantismus auf eine sehr konkrete, handfeste Art gefördert. Der «Westen» und die Idee der «westlichen Werte» wurden für einige Jahrzehnte zu einem Faktor von auch erheblich politischer Stosskraft. Doch die Idee dieser westlich-transatlantischen Gemeinschaft wurde sehr rasch und augenscheinlich schwächer, als die Sowjetunion und mit ihr die Perzeption einer ständigen Bedrohung der «freien, westlichen Welt» verschwand.

Doch die transatlantischen Diskussionen und Reibereien von heute sind paradoxerweise nicht nur Ausdruck wachsender Meinungsverschiedenheiten und unterschiedlicher Interessen. Sie sind gleichzeitig auch ein Zeichen, dass Europa und die USA sich gegenseitig trotz allem benötigen. In den Augen amerikanischer Neokonservativer (unter Einschluss von Robert Kagan) mag das leicht lächerlich tönen. Im privaten Gespräch haben viele von ihnen für ein derartiges Szenario bestenfalls ein müdes Lächeln übrig. Die transatlantische Achse, falls sie überhaupt noch existiere, stütze sich heute mehr denn je einseitig auf die USA ab, geben sie zu bedenken. Im Zeitalter einer zunehmend unilateralen US-Politik verlasse sich die Weltmacht vermehrt auf eine Politik wechselnder Ad-hoc-Koalitionen. In dieser «new world order» habe eine Institution wie die alte NATO deshalb naturgemäss einiges von ihrer ehemaligen Bedeutung verloren.

Das ist an sich nicht falsch. Und die Politikerinnen und Politiker in der Alten Welt – nicht nur in Paris – tun gut daran zu erkennen, dass alles Gerede von einem europäischen Gegengewicht zu den USA machtpolitisch auf absehbare Zeit ein Wunschtraum bleibt. Die kühnen Vorgaben der EU am Gipfel von Lissabon 2000, die USA bis zum Jahre 2010 als erste Wirtschaftsmacht abzulösen, dürften Makulatur bleiben. Bereits 2004 stellt man etwas kleinlaut fest, dass der Abstand in den letzten Jahren eigentlich nicht kleiner, sondern eher grösser geworden ist. Aber auch die Forderung nach einer «europäischen Aussenpolitik» bleibt nach dem Irak-Krieg wohl für absehbare Zeit ein frommer Wunsch. Auch wenn sich die EU zu einem eigentlichen EU-Aussenminister durchringt, der

Mann oder die Frau wird wohl für Jahre in erster Linie damit beschäftigt sein, die verschiedenen europäischen Aussenpolitiken so gut wie möglich zu koordinieren. Eine eigentliche gesamteuropäische Aussenpolitik bleibt Zukunftsmusik. Dies nicht zuletzt wegen der Tatsache, dass der Bereich der Sicherheits- und Militärpolitik auch in Zukunft in erster Linie die Sache der Mitgliedstaaten sein wird. Die vielen Absichtserklärungen der europäischen Verteidigungsminister über grössere Anstrengungen und höhere Militärbudgets sind auch hier weitgehend Ankündigungen geblieben. Der Abstand zwischen den USA und Europa ist in dieser Domäne in den letzten Jahren nicht kleiner, sondern grösser geworden. So wird das kürzlich prophezeite «Ende der amerikanischen Ära» und der gleichzeitige Aufstieg Europas zum grossen globalen Gegenspieler der USA wohl noch ein wenig auf sich warten lassen.[9]

Allerdings: Auch die amerikanische Seite wird sich sehr bald mit einer zentralen Frage konfrontiert sehen: Kann man Unilateralismus oder auch Multilateralismus einfach von Fall zu Fall betreiben, gewissermassen als Weltpolitik «à la carte»? Kann man Bündnisse und damit Bündnispartner von Fall zu Fall engagieren, oder auch nicht? Lässt sich eine strategisch-politische Perspektive (falls man überhaupt eine hat) auf die Länge einfach mit mehr oder weniger willigen Ad-hoc-Partnern in Europa und anderswo betreiben? Das ist das grundlegende Dilemma, vor dem die USA seit dem Zusammenbruch des bipolaren Machtsystems letztlich stehen. Es ist der klassische Zwiespalt, vor dem schon andere Imperien, nicht zuletzt in Europa, gestanden sind. Darauf wird später zurückzukommen sein.[10]

Wollen die USA längerfristig ihre hegemoniale Position sichern (und es gibt keine Anzeichen, dass sie das nicht versuchen), werden sie weltweit ein neues, flexibles aber doch einigermassen solides Beziehungs- und Bündnissystem aufbauen müssen. Das atlantische ist nur eines davon und möglicherweise geopolitisch nicht einmal das wichtigste. An diesen Gedanken wird sich Europa wohl gewöhnen müssen. Doch diese neue, bescheidenere transatlantische Partnerschaft ist auch für die USA letztlich eine Notwendigkeit. Dies trotz aller süffisanter Bemerkungen neokonservativer Theoretiker und Praktiker in Washington DC.

Europa und die Vereinigten Staaten werden in Zukunft in Einzelfragen öfters ihre eigenen Wege gehen. Sie werden nicht zuletzt auch vermehrt als Konkurrenten in der globalen Wirtschaft auftreten. Trotz allem bleiben Gemeinsamkeiten: geschichtliche, kulturelle, philosophisch-ideologische. Gerade diese Gemeinsamkeiten aber sind es, die einen radikalen Gegner auf den Plan gerufen haben, der beide Gesellschaften gleichermassen ins Visier nimmt. Der weltweite Terrorismus islamischer Extremisten könnte so der transatlantischen Partnerschaft – über alle Rhetorik hinaus – einen neuen Impuls und einen neuen, sehr konkreten Sinn geben.

Träume und Albträume –
Das zwiespältige Amerika-Bild der Europäer

«Sie können über die USA sagen und schreiben, was Sie wollen; es stimmt immer auch das Gegenteil.» Der Satz, dem Literaturhistoriker Karl Schmid zugeschrieben, ist mehr als ein nur leicht hingeworfenes, doppelbödiges Bonmot. Er spiegelt in der Tat gleich dreifach das Dilemma der europäischen Amerika-Diskussion wider.

Da ist zunächst das Problem, dass Amerika schlicht zu gross und zu vielfältig ist, um in einem Buch oder gar in wenigen markanten Sätzen und Thesen schlüssig und eindeutig abgehandelt zu werden. Dennoch wird genau das getan. Tag für Tag, Jahr für Jahr. Es gibt kein Land in der Welt, das so oft und so herzerfrischend endgültig charakterisiert und (ab-) qualifiziert wird. Jeder ist da Experte, selbst wenn er noch nie dort war.

Karl Schmids Bemerkung suggeriert im Weiteren, dass die (europäischen) Meinungen über Amerika in allen möglichen Bereichen der Politik, Wirtschaft und Kultur höchst kontrovers sind. Das trifft zweifellos zu. Das «amerikanische Phänomen» kann man von den unterschiedlichsten Geschichtspunkten beleuchten und angehen. Die so gewonnenen Einsichten fallen deshalb – wen wunderts – naturgemäss höchst verschieden aus.

Und schliesslich verweist das Bonmot auf ein Drittes. Der europäische Amerika-Diskurs hat nicht nur mit den USA und ihren Problemen zu tun. Er spiegelt ebenso sehr die innereuropäischen Überzeugungen und auch Selbstzweifel wider. Was in Europa über die letzten 200 Jahre so alles über die USA und ihre Gesellschaft geschrieben wurde und immer noch wird, hat ebenso sehr mit den eigenen Problemen und Ängsten zu tun. Sie werden oft auf die ferne USA projiziert, im Guten wie im Bösen. Dieses Amerika, das ist in den letzten 200 Jahren Europas Traum. Es ist aber auch gleichzeitig sein Albtraum.

Die Amerika-Diskussion der Europäer ist bereits so alt wie die Vereinigten Staaten selbst. Das Auswanderungsland der Europäer im 19. Jahrhundert schlechthin, beflügelt die junge Nation bereits früh die endlosen Debatten in der Alten Welt über eine neue, bessere Gesellschaft. Man sieht in dem völlig neuartigen Staatswesen jenseits des Atlantiks eine Art Paradies, wo jeder frei leben und seinen Weg gehen kann. Es ist in den Augen vieler buchstäblich das Land der unbegrenzten Möglichkeiten. In der Tat verlassen Millionen und Millionen von enttäuschten Europäern Jahrzehnt für Jahrzehnt ihre Heimat, um in einer neuen, ihnen nur vage bekannten Welt ihr Glück zu versuchen. Europa, die Alte Welt, bedeutet für sie politische und religiöse Unterdrückung, Armut, Verknöcherung, Standesdünkel, Zynismus und die Last einer langen, schwierigen Geschichte. Amerika dagegen ist das «gelobte Land». Es meint Neuanfang, Freiheit, Weite, Optimismus, Jugendlichkeit. Und nicht zuletzt wirtschaftlichen Aufstieg.[1]

Auch wenn Jahr für Jahr Tausende von Einwanderern in der neuen Heimat jäh aus ihren Träumen erwachen und enttäuscht nach Europa zurückkehren, die grosse Mehrzahl bleibt. Und jährlich kommen mehr. Seit dem frühen 19. Jahrhundert existieren ziemlich zuverlässige US-Einwanderungsstatistiken. Zwischen 1820 und 1975 kommen rund 47 Millionen Menschen ins Land, davon beinahe 36

Millionen aus Europa. Schlüsselt man die Zahlen näher auf, stellt man fest, dass der überwiegende Teil der Europäer, 32 Millionen, bereits vor 1924 ins Land ihrer Hoffnungen einwandern.

Auch im Kreise der europäischen Eliten und der «Intellektuellen» jener Zeit wird der Lobpreis der jungen USA gesungen. Goethes Ausruf «Amerika, Du hast es besser» hat es in alle Zitatensammlungen der Welt geschafft. Aber auch Europäer, die sich mit den USA ernsthafter auseinander setzen als der Geheimrat aus Weimar und das Land selbst bereisen, sehen in der neuen Nation die Zukunft des Westens. Alexis de Tocqueville, der französische Aristokrat mit der Neugier und dem Spürsinn für soziale und historische Entwicklungen, prophezeit in seinem Buch «Über die Demokratie in Amerika» bereits 1835 den Aufstieg des Landes zur Weltmacht.[2] Und angesichts der sozialen Verkrustung und bescheidenen gesellschaftlichen Mobilität in der Alten Welt kommt er zum Schluss, dass in Amerika die Menschen dem Gleichheitsideal näher sind als in jedem anderen Land der Erde. Heerscharen von Sozialwissenschaftern aller Disziplinen haben seither seine berühmte Feststellung zu widerlegen oder relativieren versucht. Und tatsächlich war sie in dieser Form bereits damals wohl bestenfalls eine Halbwahrheit. Doch de Tocqueville drückt etwas aus, was unzählige Menschen in der Alten Welt zu jener Zeit tief ersehnen und in der Neuen auch zu finden glauben: mehr Bewegungsraum, mehr persönliche Freiheit und nicht zuletzt auch mehr Chancengleichheit.

Doch gerade die Idee der Chancengleichheit stimmt manche Europäer skeptisch. Diese neue amerikanische Gesellschaft und ihre gleichmacherische Dynamik, die das europäische Klassen- und Standesdenken radikal verneint, weckt Argwohn. Vor allem für Konservative bedeutet die amerikanische Freiheit zugleich auch Zügellosigkeit, Schrankenlosigkeit, ja gesellschaftliche Anarchie. Für abendländische Kulturpessimisten jeder Spielart ist die «massendemokratische» und leistungsorientierte, angeblich krud materialistische Philosophie des neuen Amerika zutiefst suspekt. Friedrich Nietzsche ist besorgt über die «atemlose Hast der Arbeit» in der Neuen Welt, die er selber nie gesehen hat. Und ihm schwant bereits, dass diese amerikanische Arbeitshast beginnt, «durch Ansteckung das alte Europa wild zu machen und eine wunderliche Geistlosigkeit darüber zu breiten». Auch sein Schweizer Zeitgenosse Jacob Burckhardt kann der Welt jenseits des Atlantiks herzlich wenig abgewinnen.

Zu Nietzsches Zeit ist das Schlagwort von der «Amerikanisierung» Europas bereits im Umlauf. So eigentlich populär wird es aber erst, als der englische Publizist William T. Stead zu Beginn des 20. Jahrhunderts sein Buch «The Americanization of the World» veröffentlicht.[3] Seither ist der Begriff zum gängigen Schlagwort geworden, meistens benutzt, um eine deplorable kulturgeschichtliche Entwicklung zu beschreiben: Nationen und Gesellschaften verlieren ihre Identität, ihre Seele, ihr kulturelles Erbe und werden zum Opfer einer alles nivellierenden US-amerikanischen Massenkultur.

Allerdings, das Schlagwort meint schon bei William T. Stead mehr als nur die kulturelle «Überfremdung» der Welt durch die USA. Es umschreibt zunächst – und wohl in erster Linie – den Vorgang der «Amerikanisierung» der amerikanischen Nation selbst. Dieser Prozess, bis auf den heutigen Tag im Gang und im Grossen und Ganzen auch erfolgreich, versucht, in einer sich ethnisch und kulturell ständig wandelnden Gesellschaft so etwas wie ein «amerikanisches Bewusstsein zu formen». Dies beinhaltet neben gemeinsamen Wertvorstellungen auch einen «American way of life» und – bis zu einem gewissen Grad – eine gemeinsame Sprache. Der Prozess selbst war und ist auch in den USA nicht unbestritten. Viele, zumeist liberal-progressive Multikulturalisten sahen und sehen in ihm eine Zwangsuniformierung der Gesellschaft und postulieren an deren Stelle ein kulturell vielfältiges Amerika. Wichtig ist für sie nicht so sehr die Einheit der Nation, sondern ihre kulturelle und gesellschaftliche Vielfalt. Amerika ist für viele Multikulturalisten nicht in erster Linie ein «melting pot», ein Schmelztiegel verschiedener Kulturen, sondern ein buntes Mosaik und Nebeneinander unterschiedlichster Gruppen, Überzeugungen und Wertvorstellungen. Der Kampf, inwieweit auch Amerika in diesem Sinne immer wieder von neuem «amerikanisiert» werden muss, ist so alt wie die Nation selbst. In den letzten Jahren – so wenigstens der Eindruck – haben die «Amerikanisten» deutlich Oberwasser.

Die «Amerikanisierung Amerikas» ist ein Thema, das innerhalb der USA sehr interessiert, ausserhalb allerdings herzlich wenig. Doch die angebliche «Amerikanisierung der Welt» wirft Wellen. In Europa ist das Problem seit vielen Jahrzehnten ein heisses Dauerthema. Und jede Generation scheint unter dem Eindruck zu stehen, die Frage sei im Moment, wenn nicht neu, so doch zumindest besonders virulent.

Das Schreckgespenst der Amerikanisierung hat mehrere Facetten, politische, ökonomische, kulturelle. Es ergeben sich bemerkenswerte Wechselwirkungen. So besteht wenig Zweifel, dass etwa die kulturellen und psychologischen Amerikanisierungsängste in Europa und anderswo durch die politisch-militärische Vorherrschaft der USA noch verstärkt werden.

Dass das Amerikabild der Europäer in den letzten Jahren offenbar (noch) kritischer und skeptischer würde, hat nicht nur mit George W. Bush zu tun. Damit würde man sich die Sache allzu einfach machen, auch wenn niemand ernsthaft bestreiten wird, dass die Bush-Administration in den ersten drei Jahren tatkräftig mitgeholfen hat, das transatlantische Hausgeschirr zu zerschlagen. Doch die Misstöne und die europäischen Klagen über die arrogante USA gehören bereits seit dem Zweiten Weltkrieg zum Standardrepertoire des europäisch-amerikanischen Konzerts. Sie mögen in den letzten zwei Jahren wieder etwas stärker geworden sein, neu sind sie bestimmt nicht. Seit dem Zweiten Weltkrieg weiss Europa, dass es weltpolitisch viel von seiner Relevanz verloren hat. Es hat damit gleichzeitig auch die Tatsache zu akzeptieren, dass in machtpolitischen und strategischen Fragen nun die USA den Taktstock schwingen und ihn wohl auch nicht so leicht wieder aus der Hand geben. Das Gefühl, einem amerikanischen Übergewicht ohne echte Alternativen gegenüberzustehen, führt beinahe zwangsläufig zu Abwehrreflexen aller Art. Die Angst, kulturell überfremdet und dominiert zu werden, ist einer davon.

Die Angst vor der Amerikanisierung des europäischen Alltags lässt sich selbstverständlich nicht allein durch das Gefühl der politischen Ohnmacht erklären. Aber es ist offensichtlich ein Faktor. Niemand käme heute auf die Idee, den gewaltigen Siegeszug der italienischen Küche und der Tausenden von italienischen Restaurants und Pizzerias (inklusive Restaurantketten) in Deutschland und der Schweiz als gefährliche «Italianisierung» zu brandmarken. Zwar hat die «cucina italiana» in unseren Städten die «echte» einheimische Küche in den letzten Jahrzehnten stark verdrängt. Doch anders als im Falle von MacDonald's, Burger King oder Starbucks, fehlen Attacken gegen die «italienische Welle» als einer Gefahr für die deutsche oder (deutsch-) schweizerische Kulturtradition weitgehend. Ähnliches lässt sich – wie bereits vor einigen Jahren diskutiert – vom Siegeszug der IKEA-Möbel in Mitteleuropa sagen. Diese haben die Wohnstuben und Schlafzimmer Mitteleuropas in den letzten Jahrzehnten geradezu revolutioniert und dem biederen Traditionsinterieur unzähliger Haushalte den Garaus gemacht. Spricht deswegen jemand von der Gefahr einer «Skandinavisierung» Mitteleuropas? Italien und Schweden beeinflussen die Kultur und den Geschmack ihrer europäischen Nachbarn erheblich. Doch beide Länder werden politisch und machtmässig nicht als Gefahr für das eigene kulturelle Selbstbewusstsein wahrgenommen.

Erstaunlich ist, wie stark von allem Anfang an Europa

sich in erster Linie als Opfer der amerikanischen (Massen-)Kultur empfindet. Schon nach dem Ersten Weltkrieg ereifert man sich über die kulturelle Verluderung Europas durch amerikanische Kulturexporte. Während sich diese im 19. und frühen 20. Jahrhundert noch auf billige Romane und die auf dem Kontinent herumziehenden äusserst populären «Wild West Shows» beschränken, macht sich der amerikanische Einfluss nach 1918 plötzlich überall bemerkbar. Die USA, durch das Kriegsgeschehen in der Alten Welt selber wenig berührt, treten im schwer kriegsgeschädigten Europa der Zwanzigerjahre als neue Macht im Bereich der Massen- und Alltagskultur auf. Hollywoods junge Filmindustrie, vor dem Krieg noch weitgehend eine lokale, inneramerikanische Angelegenheit, ist plötzlich auf dem europäischen Markt präsent. Vor 1914 sieht man Europa und vor allem Frankreich allgemein als die zukünftige Filmmacht der Welt. Nach dem Krieg übernimmt Hollywood die Führung. Zwar verachten europäische Intellektuelle seine populären Produktionen als oberflächlich, geschmack- und kulturlos. Und in der Tat haben die USA – zumindest filmgeschichtlich gesehen – gegen die grossen europäischen Regisseure, von Sergej Eisenstein über G. W. Babst bis hin zum legendären Fritz Lang, noch wenig zu bieten. Aber ihre Filme sind erfolgreich. Und bereits am Ende der Zwanzigerjahre denken die Leute beim Zauberwort «cinema» nicht mehr an Frankreich, sondern an Hollywood.

Doch in jenen Jahren beginnt sich zum ersten Mal deutlich das herauszukristallisieren, was man das «europäische Paradox» nennen könnte. Man geht zwar immer häufiger ins Kino oder den Gemeindesaal, um sich amerikanische Filme anzuschauen. Man liebt Buster Keaton und Charlie Chaplin (der im Stummfilmzeitalter nicht als Brite, sondern weitgehend als Mann aus Hollywood wahrgenommen wird). Und wer es etwas handfester und deftiger haben will, kann auch in Europa gegen Ende der Zwanzigerjahre die albernen Tollheiten von Laurel und Hardy im Kino geniessen. Doch gleichzeitig verachtet man das von Hollywood Gebotene oft als dumm, seicht und oberflächlich. Kurzum: als «typisch amerikanisch».

Intellektuelle in Frankreich und Deutschland warnen nun reihenweise offen vor der Gefahr einer unerwünschten Amerikanisierung der Alten Welt. Filme aus den USA sind – so ihre Argumentation – nicht blosse Unterhaltung. Sie transportieren zugleich auch Bilder einer neuen Welt, eines neuen Lebensstils, neue Werte und Verhaltensweisen nach Europa. Unbestreitbar machen sie Eindruck, die Bilder aus einem Land, in dem – im Gegensatz zu Europa – bereits jeder in einem Auto herumzufahren scheint. Sie vermitteln den Eindruck, dass jenseits des grossen Teichs die Leute einen eleganten, ja luxuriösen Lebensstil pflegen, modisch gekleidet sind und in der Öffentlichkeit lässig die heiss begehrten amerikanischen Zigaretten rauchen. Mögen Intellektuelle und die europäische Oberschicht noch so sehr über dieses von Hollywood vermittelte Amerikabild die Nase rümpfen, der «kleine Mann von der Strasse» (seltener die Frau) drängt sich in die Kinos. Man will sehen, was die (angeblich) klassenlose Gesellschaft in den USA für Seinesgleichen zu bieten hat.

In der zweiten Hälfte der Zwanzigerjahren versuchen verschiedene europäische Staaten die Notbremse zu ziehen. Zwischen 1925 und 1927 beschliessen Frankreich, Italien, Grossbritannien und Deutschland Quotenregelungen, d.h. Einfuhrbeschränkungen für die filmische Kost aus Übersee. Diese Beschränkungen sind Wirtschaftsförderung und kulturpolitische Schutzmassnahme zugleich: Sie sollen die heimische Filmproduktion und – verbreitung stützen und gleichzeitig den überstarken amerikanischen Einfluss eindämmen. In praktisch allen Fällen ist dieser staatliche Eingriff ein Schlag ins Wasser. Das Publikum will erst recht amerikanische Filme sehen. Die meisten Einfuhrbeschränkungen werden schliesslich in den Dreissigerjahren wieder aufgehoben. Die amerikanische Dominanz bleibt. In den Dreissigerjahren erreichen US-Filme zum Beispiel 80% der Vorspielzeit in Grossbritannien und 60% in den Niederlanden.

Auch im Bereich der Musik brechen in den Zwanziger- und Dreissigerjahren die Dämme. Jazz wird vor allem in den europäischen Städten mehr als nur eine kurzlebige Mode. Junge Europäerinnen und Europäer, darunter viele Intellektuelle, erleben ihn als Ausdruck eines neuen Lebensgefühls. Jazz bedeutet Freiheit, Experimentierfreudigkeit, Improvisation, Modernität. Nicht selten meint diese Musik für sie auch Rebellion gegen das Establishment oder gegen die europäische Tradition an sich. Es erstaunt deshalb wenig, dass Jazz in Europa sehr bald auch unter Beschuss gerät. Die Musik sei primitiv, ja Ausdruck sexueller Zügellosigkeit, meinen nicht wenige der älteren Generation. Und das viel sagende Wort von der «Negermusik» macht die Runde. Es wird noch bis weit in die Fünfzigerjahre hinein zu hören sein. Trotzdem sind Namen wie etwa Louis Armstrong oder Duke Ellington bereits in den Dreissigerjahren in Europa ein fester Begriff.

Gerade weil die Musik aus Amerika immer populärer wird, versuchen europäische Traditionalisten ihren Einfluss einzudämmen. Doch niemand geht so weit wie das nationalsozialistische Deutschland oder auch – allerdings weniger konsequent – das faschistische Italien. Für Hitler-Deutschland ist es unvorstellbar, einen Musikstil zu akzeptieren, der von Schwarzen massgeblich beeinflusst ist und dessen Verbreitung nicht zuletzt in den Händen liberal-jüdischer Amerikaner liegt. Jazz – so die offizielle Propaganda – ist schlechterdings «un-deutsch».

Im Italien des Benito Mussolini haben die offiziellen Ideologen ebenfalls wenig Freude an der neuen Musik aus Übersee. Sie ist dekadent, roh, und eine Verneinung aller musikalischen Wertvorstellungen. Sie wird folgerichtig als «barbara anti-musica negroide» abqualifiziert. Doch gleichzeitig halten sich pikanterweise Jazz und «American Swing» in verschiedenen Radioprogrammen. Die grossen US-Interpreten bekommen allerdings italienische Namen verpasst: Benny Goodman wird so zu «Beniamino Buonuomo», Duke Ellington zu «Del Duca» und Louis Armstrong zu «Luigi Bracciaforte». Im Land ist allgemein bekannt, dass auch Mussolini selbst eine beachtliche Jazzplattensammlung besitzt. Nirgendwo spiegelt sich das «europäische Paradox» besser wider, als in dieser bizarren faschistischen Maskerade. Man liebt die amerikanische Kultur, ja ist von ihr geradezu fasziniert. Gleichzeitig lehnt man sie ab, verachtet sie als oberflächlich, minderwertig, ja dekadent.

Steht die Amerika-Debatte in Europa vor dem Zweiten Weltkrieg noch immer im Schatten der innereuropäischen Spannungen und Nationalismen, wird sie nach dem Krieg plötzlich zu einem dominanten Thema in allen westeuropäischen Ländern und Gesellschaften. Als Folge der neuen weltpolitischen Gegebenheiten wird nun schlagartig spürbar, dass in Politik, Wirtschaft und Kultur der «american way of life» es ist, an dem sich die Europäer messen, aber zugleich auch reiben. Während Osteuropa bald einmal für Jahrzehnte hinter dem Eisernen Vorhang verschwindet, sind Nord-, West- und Südeuropa sehr bald der amerikanischen Dynamik voll ausgesetzt.

Politisch-militärisch wird die Führungsrolle der USA zwar akzeptiert. Angesichts des bipolaren Machtsystems und der wenig attraktiven sowjetischen Alternative bleibt auch kaum etwas anderes übrig. Die USA, das sind nicht nur die Befreier des Kontinents von der Naziherrschaft, das ist auch die Schutzmacht gegenüber dem neuen östlichen Imperium, das den meisten Westeuropäern als Bedrohung ihrer Freiheit und ihres Lebensstils erscheint. Doch die Beziehungen mit dem grossen Bruder jenseits des Atlantiks sind politisch nicht spannungsfrei. Frankreich geht politisch bereits Anfang 1960 unter General de Gaulle ostentativ eigene Wege und propagiert die Notwendigkeit einer multipolaren Welt mit Paris als einem gewichtigen Mitspieler im Kraftfeld der internationalen Politik. Doch zwischen de Gaulles kühnem Anspruch und der nüchternen Wirklichkeit klafft schon damals ein tiefer Graben. Frankreich bleibt ein Zaungast im Machtpoker der wirklich ganz Grossen.

Doch weit über Frankreich hinaus stossen die USA auf Unverständnis und Widerstand, als sie in den Sechzigerjahren unter Kennedy und Johnson in den Vietnamkrieg schlittern. Das offizielle Europa unterstützt sie nicht, das inoffizielle geht auf die Strasse. Millionen protestieren, von London bis Berlin, von Stockholm bis Rom. Das Gleiche wiederholt sich in den frühen Achzigerjahren, als Ronald Reagan auf der Umsetzung des so genannten NATO-Doppelbeschlusses besteht und gegen alle Widerstände, auch im eigenen Land, durchsetzt. Grosse Teile der europäischen Öffentlichkeit protestieren erneut. Auch der erste Irak-Krieg im Jahre 1991 bringt Hunderttausende von Europäern auf die Strasse. Man tut gut daran, sich diese lange Geschichte der europäischen Amerika-Kritik vor Augen zu halten, bevor man den zweiten Irak-Krieg von 2003 zur historischen Bruchstelle in den europäisch-amerikanischen Beziehungen erklärt.

Vorsicht ist auch geboten, wenn man diese Manifestationen politischer Opposition gegenüber dem offiziellen Amerika rasch einmal als ein Zeichen des europäischen Antiamerikanismus wertet. Dass unter den Hunderttausenden von europäischen Demonstranten auch Leute mitmarschieren, die alles Amerikanische schlechthin ablehnen, ist anzunehmen. Doch viele dieser Manifestanten marschieren gegen konkrete politische Entscheidungen der jeweiligen US-Regierung. Es sind Entscheidungen, gegen die oft auch Hunderttausende von Amerikanern auf die Strasse gehen und dabei selbstbewusst das amerikanische Sternenbanner schwenken.

Schwieriger wird die Sache, wenn man Europas Haltung nach 1945 gegenüber dem «American way of life» und den Segnungen der amerikanischen Massenkultur unter die Lupe nimmt. Europas paradoxes Verhalten gegenüber der amerikanischen Kultur wird nach dem Zweiten Weltkrieg stärker denn je. Man lehnt sie ab, aber gleichzeitig wird sie geradezu verschlungen. Und es ist längst nicht so, dass sich etwa die Anhänger oder Gegner des verführerischen Angebots fein säuberlich trennen lassen. Umfrage nach Umfrage bestätigt von allem Anfang an, dass sich viele über Hollywood gleichzeitig abschätzig äussern und sich trotzdem seine Filme im Kino ansehen. Viele rümpfen über MacDonald's Hamburger und French Fries die Nase und konsumieren sie trotzdem mit schöner Regelmässigkeit.

Dennoch kommt nach dem Zweiten Weltkrieg der Ansturm dieser neuen Konsumwelt für die Alte Welt ziemlich unerwartet. Anders als nach dem Ersten Weltkrieg erfolgt er ungleich wuchtiger. Den US-Soldaten, die den Kontinent (mit-)befreien, folgen sehr bald amerikanisches Kapital und Know-how, die bereits in den Fünfzigerjahren die Wirtschaftsstrukturen und Arbeitsmethoden spürbar modernisieren. Amerikanische Direktinvestitionen in Europa sind noch 1950 mit 2 Milliarden Dollar nur unwesentlich höher als 1929 vor dem Börsenkrach. Aber bereits 1967 werden allein in Grossbritannien 6 Milliarden Dollar investiert, in Westdeutschland 3,5 Milliarden und in Frankreich und Italien beinahe 2 Milliarden. Zwischen 1958 und 1963 etablieren sich über 1000 amerikanische Firmen in Grossbritannien, 600 in Frankreich, 300 in Belgien und 250 in den Niederlanden. Das

Kapital und die damit geschaffenen Arbeitsplätze sind hoch willkommen. Europäische Regierungen unterstützen und fördern die US-Investitionsprogramme nachdrücklich.

Aber der Segen aus Übersee hat seinen Preis. Gleichzeitig mit dem Kapital und Know-how wird auch amerikanischer Lebensstil und Alltagskultur importiert. Es ist kein Zufall, dass der Zusammenhang zwischen ökonomischer Dominanz und kulturellem Einfluss in Frankreich am meisten diskutiert wird. 1967 veröffentlicht der Herausgeber des Magazins «L'Express», Jean-Jacques Servan-Schreiber, sein berühmtes Buch «Le défi Américain» (Die amerikanische Herausforderung). Es wird in zahlreiche Sprachen übersetzt und ist ein Bestseller in ganz Westeuropa. Der clevere Franzose prophezeit, dass US-Investment und -Know-how in Europa weit mehr sei als nur der Export von Kapital und Wissen. Es bedeute im Grunde eine kalte Machtübernahme der europäischen Wirtschaft. Wenn es nicht gelinge, das amerikanische Monopol in Innovation und Technologie zu brechen, werde Europa sehr bald zum Satelliten der USA degradiert werden. Das Buch wird nicht nur von Wirtschaftsführern, Bankiers und Politikern gelesen, sondern auch in Kreisen der Intellektuellen und Kulturschaffenden heiss diskutiert. Es wird klar, dass zwischen politischer, ökonomischer und kultureller Macht ein enger Zusammenhang und eine gegenseitige Abhängigkeit besteht.[4]

An der Kulturfront kommt es in den Fünfziger-, Sechziger- und Siebzigerjahren zu den deutlichsten Abgrenzungsversuchen. Oft ist allerdings schwer auszumachen, ob sie in erster Linie von wirtschaftlichen oder kulturellen

Schutzmotiven bestimmt sind. Die Auseinandersetzungen um die «Coca-Colonization» Europas (und der übrigen Welt) eskalieren zeitweise zu einem wahren Kulturkampf. Das Getränk aus Atlanta geht 1943 in Süditalien und 1944 in der Normandie mit den amerikanischen Truppen an Land. Hinter den Kampflinien werden jeweils rasch provisorische Produktionsstätten eingerichtet, um die vorrückenden Soldaten mit dem Drink zu versorgen. So wird es bei den befreiten Europäern sehr bald als Bestandteil des amerikanischen Alltags wahrgenommen. In wenigen Jahren ist es ein äusserst populäres Getränk unter den Europäern selbst. Und wiederum verfängt die Werbung: Das amerikanische Produkt ist Ausdruck der Modernität und eines neuen, freien, offenen Lebensstils.

Doch die Reaktionen bleiben nicht aus. In mehreren Ländern laufen nationale Getränkehersteller Sturm gegen die Invasion aus Atlanta und lösen landesweite Debatten aus. In der Schweiz etwa heisst die nationale Schicksalsfrage: Vivi Kola oder Coca Cola (Coca macht schliesslich das Rennen). Überall werden Boykotte ausgerufen, Einfuhrbeschränkungen gefordert. Beim Anti-Coca-Feldzug wird in erster Linie wirtschaftlich argumentiert. Die lokale und nationale Süsswasserproduktion würde ruiniert, heisst es, Arbeitsplätze gingen verloren. Doch überall schwingt unterschwellig das Argument der kulturellen Überfremdung mit. Nirgendwo allerdings wird die Schlacht gegen Coca Cola so hart und grundsätzlich geschlagen wie in Frankreich. Nachdem 1949 die US-Firma eine Coca-Cola-Fabrik in Marseille eröffnet, kommt es zu einer konzertierten Aktion von Winzern, Fruchtsaft- und Mineralwasserproduzenten, der starken kommunistischen Partei und Intellektuellen. Sie verlangen das völlige Verbot des Getränks.

Die Aktion bricht schliesslich auch hier zusammen. Der Hauptgrund: Auch die Franzosen lieben das Getränk, amerikanischer Kultur- und Wirtschaftsimperialismus hin oder her.

In der Filmindustrie läuft Ähnliches ab. Europas Filmproduktion der Nachkriegszeit bringt eine erstaunliche Menge von qualitativ hoch stehenden Filmen auf den Markt (neben viel Durchschnittlichem). Doch gegen den Ansturm der Amerikaner hilft das wenig. Einmal mehr versucht man der Lage mit Einfuhrbeschränkungen Herr zu werden. In Frankreich geschieht das ausdrücklich im Namen der Erhaltung der kulturellen Identität. Doch auch diesmal scheitert die Politik an den Bedürfnissen des Publikums. Dieses will US-Filme sehen, da hilft auch das übliche Gejammer vieler europäischer Intellektueller und Kulturschaffenden nicht weiter. Im Übrigen sieht das Publikum nicht nur billige, anspruchslose Kost aus den USA. «High Noon», «On the Waterfront», «The Big Sleep» oder auch manche der Hitchcock-Filme können vor der Filmgeschichte durchaus bestehen.

Die Vorherrschaft des amerikanischen Films in Europa bleibt auch zu Beginn des 21. Jahrhunderts ungebrochen. Der europäische Kinofilm wartet zwar immer wieder mit einzelnen Grosserfolgen auf, doch er wird – trotz zum Teil erheblicher Staatssubventionen – zu keiner Zeit zu einer ernsthaften Gefahr für Hollywood. Über die Gründe dafür sind Hunderte von Büchern und Abhandlungen geschrieben worden. Sicher spielen ökonomische Faktoren eine bedeutende Rolle.

Die grundsätzlichen Ansätze der amerikanischen und der europäischen Filmproduktion könnten nicht verschiedener sein. Amerika betrachtet das Filmemachen nicht als künstlerisches und kulturelles Unterfangen, sondern als Business. «Movies have to make money», das ist die simple Philosophie, die Hollywood antreibt. Filme haben deshalb beim Publikum erfolgreich zu sein. Wenn sie dabei überdies auch von künstlerischem Wert sind, umso besser. Entscheidend ist das allerdings nicht.

Hinter dem europäischen Filmschaffen steht anderseits noch immer die Idee einer künstlerischen und kulturellen Mission. Das Publikum soll – anders als beim amerikanischen Film – letztlich «erzogen» werden. Wenn das auf unterhaltsame Art geht, umso besser. Doch es ist zweifellos nicht die primäre Absicht. Zwar gibt es selbstverständlich auch in Europa eine zunehmend kommerziell geprägte Filmproduktion und anderseits auch in den USA ein künstlerisch ausgerichtetes Filmschaffen. Doch beides ist wenig typisch für das jeweilige Umfeld.

Das viele Geld und das gut geölte weltweite Vertriebssystem können die offensichtliche Beliebtheit des US-Films aber nicht allein erklären. Seine von ihm aufgenommenen Themen, aber auch seine Sprache und vor allem seine Bilder bieten letztlich die Erklärung für seinen weltweiten Erfolg. Wer in den USA Filme produziert, hat einen riesigen Heimmarkt anzusprechen. Dieser Markt ist nicht nur gross, er ist auch sehr breit und komplex. Will man darin Erfolg haben, muss man eine höchst multikulturelle, ethnisch, religiös und überdies auch sprachlich vielfältige Gesellschaft erreichen. Das führt dazu, dass der USA-Film Geschichten wählt und sie überdies so erzählt, dass sie für die verschiedensten kulturellen Gruppen verständlich sind. Es ist auch kein Zufall, dass selbst in den besten klassischen US-Filmen die Story meist über die Bilder und nicht über den Dialog erzählt wird. Der europäische Film ist dagegen – in den Augen vieler Amerikaner wenigstens – kopflastig und erzählt seine Geschichte (falls er eine hat) meist über den Dialog. Mit anderen Worten: Der amerikanische Film philosophiert nicht. Er erzählt eine Geschichte. Er erzählt sie in erster Linie in Bildern. Und er erzählt sie bewusst einem breiten Publikum. Das ist gewiss nicht der einzige, aber sicher ein wichtiger Grund, warum er global noch immer ohne echte Konkurrenz ist.

Der faszinierendste transatlantische Kulturkampf spielt sich aber im Bereich der Sprache ab. Er ist schon deshalb faszinierend, weil daran eigentlich nur eine Seite teilnimmt. Die andere, amerikanische, scheint ihn kaum wahrzunehmen. Es gibt kein einziges Land in Europa, das in den letzten Jahrzehnten nicht über den Vormarsch des (amerikanischen) Englischen eine heisse Debatte geführt hätte. Auffallend ist nicht nur die Emotionalität der Diskussion, sondern auch die darin gezeigte Hilflosigkeit, wie man mit dem Thema in der Praxis zurechtkommen soll. Man spricht von der Verluderung der eigenen Sprache, von der schleichenden Zerstörung der eigenen Identität, von einer Attacke auf das kulturelle und sprachliche Erbe. Der deutsche Sprachraum scheint für diese Art von

Kulturtransfer besonders anfällig zu sein. Es gibt in der Tat kaum etwas, das man nicht (pseudo-) anglisiert. Das kann oft durchaus interessante Wortschöpfungen ergeben. Jede lebendige Sprache nimmt Anleihen aus anderen Kulturkreisen auf. Gelegentlich führt es aber auch zu fragwürdigen Resultaten. Wörter, die im Englischen gar nicht existieren, werden im Deutschen plötzlich als weltläufige Neuschöpfungen präsentiert. Das Mobiltelefon wird so plötzlich zum «Handy», obwohl kein Mensch in den USA oder Grossbritannien wüsste, was damit eigentlich gemeint ist. Das Gleiche wäre über die von der Swisscom vertriebene «Taxcard» zu sagen. Jedem Angelsachsen treibt dieses sprachliche Unding den Angstschweiss auf die Stirne. Er denkt da zwangsläufig an eine besonders teuflische Erfindung des Steueramts.

Trotzdem sind diese Wortungetüme nun offensichtlich unausrottbarer Bestandteil der deutschen Sprache. Auch in durchaus ernst gemeinten Texten wimmelt es nur so von «Events», die man entweder zu «upgraden», «outsourcen» oder dann zu «canceln» hat. Die Verwaltung in Deutschland oder der Schweiz setzt laufend neue Spezialeinheiten und Sonderstäbe ein, die man – zwecks besserem Verständnis – «Task Forces» nennt. In Journalismus und Privatwirtschaft werden munter «News» und «Stories» «gecheckt», um dann für ein «Statement» oder gar einen «Full Report» aufgearbeitet zu werden. Und in Deutschland hat bereits vor zwei Jahren der Vorsitzende des altehrwürdigen «Bundesverbandes der deutschen Bestatter» seinen Bestattungsmeistern den offiziellen Titel eines «Funeral Master» verpasst. Wenn es nicht zur völligen Ersetzung eines deutschen Ausdrucks reicht, so versucht man es wenigstens mit kühner Sprachpanscherei. Im – deutsch erscheinenden – «Umweltmagazin-Newsletter» ist zu lesen, dass in Berlin der BASF der «Deutsche Umwelt Reporting Award 2002» (DURA) verliehen worden sei. Angesichts dieser Zustände hat man in Deutschland, Österreich und der (deutschen) Schweiz schon mehrmals nach einer eigentlichen Sprachpolizei gerufen. Man solle behördlich gegen diese Auswüchse in Presse, Radio und Fernsehen vorgehen. Glücklicherweise bleibt es beim Ruf.

Dass Frankreich, welches sich als Nation stark über seine Sprache definiert, anders reagiert, ist keine Überraschung. Dort wird nicht nur nach einer Sprachpolizei gerufen. Es wird auch gehandelt. Jacques Toubon, der damalige französische Kulturminister erklärt 1994, warum etwas gegen die sprachliche Amerikanisierung unternommen werden muss. Die französische Sprache sei das «wichtigste Kapital» der Franzosen. Es sei das «Symbol ihrer Würde», der «Weg zur sozialen Integration», ein «gemeinsames Erbe als Teil des französischen Traums».[5]

Die französische Nationalversammlung diskutiert und beschliesst in jenem Jahr ein von Toubon vorgelegtes Sprachgesetz, das die Ausmerzung aller Amerikanismen in öffentlichen Verlautbarungen, aber auch in Werbung, Radio- und Fernsehsendungen vorschreibt. In Richtlinien werden Anleitungen gegeben, wie man zu einer sauberen französischen Sprache zurückfindet. «Popcorn» heisst nun «maïs soufflé», «fast food» ist «restauration rapide», «bestseller» wird zu «succès de librairie». Die Nationalversammlung schreibt auch zwingend vor, dass mindestens 40 % der Sendezeit aller populären Vokalmusik für französischsprachige Chansons reserviert wird.

Touton allerdings steckt schliesslich eine empflindliche Niederlage ein. Der französische Verfassungsrat erklärt grosse Teile des Sprachgesetzes für verfassungswidrig, da sie das Prinzip der Meinungsäusserungsfreiheit verletzten. Die Regierung habe deshalb kein Recht, Geschäftsleuten, Journalisten und Privatpersonen den öffentlichen Gebrauch irgendwelcher Wörter zu verbieten. Das Gesetz verstosse in wesentlichen Teilen gegen die Grundprinzipien der Französischen Revolution und der «Déclaration de l'homme et du citoyen» von 1789.[6]

Doch der Kampf um die Reinheit der Sprache geht auch in Frankreich weiter und ist gerade wegen der hohen Sensibilität Frankreichs in der Sprachenfrage erfolgreicher als in den meisten anderen europäischen Ländern. Dazu kommt, dass der französische Zentralstaat mit der Schaffung der «Académie Française» ein Gremium zur Verfügung hat, das ein eigentliches linguistisches und kulturelles Richteramt ausübt. Aber wer heute mit jüngeren Franzosen spricht, wird bald unschwer feststellen können, dass selbst in Frankreich die so genannte Amerikanisierung im Alltag kaum zu stoppen ist. Wie im Falle von Coca Cola, MacDonald's, Hollywoodfilmen, MTV oder Disneyland Paris ist auch hier die «Invasion» aus Übersee schwer abzuwehren.

Gerade dieser Umstand sollte aber die vielen jammernden Kulturpessimisten in Europa stutzig machen. Der Kampf gegen das Phänomen der so genannten Amerikanisierung geht eigentlich von der Vorstellung aus, dass Europas Sprachen und Kulturen ernsthaft bedroht und seine Bewohner zu willenlosen Opfern einer amerikanischen Invasion an allen Fronten geworden sind. Doch das Bild der wehrlosen Europäerinnen und Europäer ist irreführend. Niemand zwingt sie, ketchup-triefende Hamburger, Hollywoodfilme, Shania Twain-CDs und Madonna-Videos zu konsumieren. Niemand schreibt ihnen vor, Levi's Jeans zu tragen. Sie wollen es. Auch wenn sie gleichzeitig in Umfragen diesen Umstand mehrheitlich bedauern. Intellektuelle und Kulturschaffende mögen noch so sehr über Disneyland Paris als «kulturelles Tschernobyl» lästern, die Leute gehen hin. Auch die Franzosen.

Will man von den üblichen Klischees und Stereotypen dieser kulturpolitischen Diskussion wegkommen, muss man bereit sein, sich gewisse Fragen zu stellen. Zum Beispiel: Ist es überhaupt richtig, von einer «Amerikanisierung» Europas (und der Welt) zu sprechen? Sollte man diesen Prozess nicht eher im Zusammenhang mit der «Globalisierung» der internationalen Szene sehen? Manche antworten mit der simplen Gleichung: Globalisierung = Amerikanisierung. Doch da macht man sich die Sache etwas gar einfach.

Globalisierung ist ein weltweiter Prozess, dem alle Nationen und Gesellschaften ausgesetzt sind, die Vereinigten Staaten von Amerika eingeschlossen. Gegen sie wird auch in den USA protestiert. Die Demonstrationen gegen das Treffen der World Trade Organisation 1999 in Seattle werden sogar als historisches Fanal zum weltweiten Antiglobalisierungkampf betrachtet. Und im Präsidentschaftswahlkampf 2004 spielen die sozialen und wirt-

schaftlichen Schattenseiten der Globalisierung eine überaus wichtige Rolle.

Die US-Gesellschaft ist mit den negativen Konsequenzen der Globalisierung bereits in den Achzigerjahren hart
konfrontiert. Millionen von so genannten «Blue Collar
Jobs» werden ins billigere Ausland transferiert. Zu Beginn des 21. Jahrhunderts steht sie nun vor einem neuen
Phänomen: Diesmal werden auch Hunderttausende von
gut bezahlten Stellen im Dienstleistungsbereich ausgela-
gert, vor allem nach Asien. Aber das Land und seine
Gesellschaft ist wegen seiner Immigrations- und Migrati-
onskultur äusserst beweglich und passt sich erfahrungs-
gemäss schnell an, schneller jedenfalls als das in seinen
Traditionen und Konventionen verankerte Europa.
Die USA sind deshalb auf den Umbruch, der sich mit diesem Globalisierungsprozess unvermeidlich abzeichnet,
vermutlich besser vorbereitet. Man fürchtet sich zwar
auch in Amerika vor dem ungewissen Morgen, doch im
Vergleich zu Europa stellt man sich dem Neuen trotz
allem leichter.

Das schlägt sich auch in der Bereitschaft nieder, kulturelle Einflüsse aus aller Welt aufzunehmen und zu verarbeiten. Das amerikanische Englisch ist überaus offen für
neue Entwicklungen, Wörter und Wortschöpfungen. Es
übernimmt Jahr für Jahr Hunderte von neuen Ausdrücken
aus europäischen, afrikanischen und asiatischen Sprachen.

Die amerikanische Gesellschaft ist auch auf vielen anderen Gebieten grundsätzlich offen für Einflüsse von aussen. Richard Pells spricht mit Recht von einer «Europea-

nization of American culture[7]». Sie ist für den in den USA
lebenden Europäer auf Schritt und Tritt spür- und fassbar.
Selbst in der Küche hat sich Europa in den letzten Jahren
massiv bemerkbar gemacht. Die Restaurantszene des
Landes hat sich innerhalb von zwanzig Jahren geradezu
dramatisch verändert. Amerikanische «Winemakers» haben in den letzten dreissig Jahren eine eigenständige,
höchst innovative Weinkultur aufgebaut. Auch das geht
nicht ohne Öffnung gegenüber aussen. Man studiert die
europäischen, vor allem französischen und italienischen
Weinbautechniken sorgfältig und adaptiert sie für die
Verhältnisse an der amerikanischen Westküste.

Robert Mondavi, Sohn einfacher italienischer Immigranten, steigt mit seinem grossen Weingut im kalifor-
nischen Napa Valley innert eines Jahrzehnts zu einem der
weltweit führenden Produzenten von Spitzenweinen auf.
Als der erfolgreiche Kalifornier allerdings 1997 versucht,
in der südfranzösischen Gemeinde Aniane neue Weinber-
ge anzupflanzen, erlebt er eine Überraschung. Keine besonders angenehme. Obwohl der erfahrene Mondavi
Spitzenprodukte herstellen will in einer Gegend, die bis
dahin eher billige Massenweine produzierte, kommt es
zur Revolte. Eine bunte Koalition von Bauern, Jägern,
örtlichen Kommunisten und Umweltschützern zwingt ihn
nach zwei Jahren zur Aufgabe des Projekts. Man wolle
hier keine Amerikaner, heisst es. Einer der Anführer sagt
unverblümt, wo der Schuh drückt: «Die Mondavis werden
unsere traditionellen Weinbauern genauso ruinieren wie
MacDonald's die französische Gastronomie[8].»

Das Argument und die Geschichte selbst sind aufschlussreich. Könnte sich so etwas in Kalifornien, Oregon oder Washington State abspielen? Kaum. Dort sind inzwischen mehr als ein Dutzend grössere französische Wein- und Champagnerproduzenten aktiv – und überaus erfolgreich.

Der streitbare französische Publizist Jean-François Revel meint mit Recht, dass Kulturaustausch, und damit das Offensein für Neues, für den Fortbestand jeder Kultur notwendig sei. Gerade das vermisst er besonders auf französischer Seite im transatlantischen Dialog. Das Gespenst der «Amerikanisierung», so argumentiert er, wird vorgeschoben, um sich kulturell nicht öffnen zu müssen.[9]

Doch die europäischen Ängste und Albträume widerspiegeln letztlich die eigene kulturelle Unsicherheit. Vordergründig ist Amerika im Visier. Aber im Grunde geht es um die eigene Befindlichkeit. Die europäischen Nationalstaaten und ihre Gesellschaften stehen mitten im Umbruch. Man ist – inner- und ausserhalb der EU – gezwungen, sich gegenüber Europa, aber auch einer «globalisierten» Welt zu öffnen. Das führt zwangsläufig zu Abwehrreflexen und – manchmal hilflosen – Versuchen, sich rein defensiv auf die eigenen Werte und Traditionen zurückzuziehen.

In diesem Zusammenhang ist das Phänomen der «Amerikanisierung» zu sehen. Die Angst vor der «Amerikanisierung» hatte schon immer mit der Angst vor gesellschaftlichen Veränderungen zu tun. Gerade in den letzten Jahren ist «Amerikanisierung» in der Alten Welt zudem zur Chiffre für den raschen Europäisierungs- und Globalisierungsprozess geworden. Mit dem realen Amerika selbst hat das allerdings wenig zu tun. Und wie gesagt, auch dieses wird täglich neu «amerikanisiert».

Ein Imperium, das keines sein will

Am 20. Januar 2004 ist es einmal mehr so weit. Der amerikanische Präsident tritt vor den US-Kongress und hält seine alljährliche «State of the Union»-Botschaft, die Rede zur Lage der Nation. Die Ansprache gehört sicher nicht zu den besten, die George W. Bush in seinen ersten drei Jahren als Präsident gehalten hat. Da ist wenig von der Grösse und Klarheit zu spüren, die seine berühmte Rede vor dem gleichen Kongress am 20. September 2001 gekennzeichnet hatte. Damals, nur wenige Tage nach den Anschlägen des 11. Septembers, hatte der Präsident nicht nur den Kongress, sondern auch die amerikanische Nation selbst mit einer beeindruckenden Mischung aus Entschlossenheit, Führungswille und Ruhe zum Kampf gegen den Terrorismus aufgerufen. Im Jahr 2004 fehlt der grosse Atem weitgehend. Die kämpferische, aber wenig überzeugende Rede wird von vielen als Auftakt zum Wahlkampf 2004 gewertet.

Doch da ist ein kleiner Abschnitt, der die Rede des Präsidenten unter historischen Gesichtspunkten interessant macht. Am Schluss seiner ausführlichen Darstellung der aussen- und sicherheitspolitischen Überlegungen kommt der Präsident plötzlich auf die Rolle Amerikas in der Welt zu sprechen.

Amerika sei, so meint Bush, eine Nation mit einer Mission, und diese Mission basiere auf den fundamentalsten Überzeugungen der Amerikaner. Um dann fortzufahren: «Wir haben kein Verlangen zu dominieren, keine Absichten, ein *Imperium* zu errichten. Unser Ziel ist ein demokratischer Friede, ein Friede, gegründet auf der Würde und dem Recht jedes Mannes und jeder Frau.

Amerika handelt in dieser Sache gemeinsam mit Freunden und Alliierten. Aber wir wissen um unsere besondere Berufung: Diese grosse Republik hat die Aufgabe, die Sache der Freiheit anzuführen.»[1]

Das amerikanische Dilemma könnte man kaum besser in Worte fassen. Die Sätze sind klar und einfach. Die Gedankenführung scheint es auf den ersten Blick auch. Aber ist sie es wirklich? Eine Nation mit einer Mission will führen, um ihren tiefsten politischen Überzeugungen weltweit zum Durchbruch zu verhelfen. Sie will dies mit Hilfe ihrer Freunde in der Welt tun. Doch ihre Stellung ist einzigartig, da sie weiss, dass sie zur Führung des Kampfes für Friede, Demokratie und Freiheit recht eigentlich berufen ist. Und trotzdem: Diese zur Führung berufene Nation will nicht herrschen, sieht sich selbst weltweit nicht als Imperium.

Ein starkes politisches und moralisches Sendungsbewusstsein ist Bushs Worten gewiss nicht abzusprechen. Es ist ein Bewusstsein, das man ohne Übertreibung als Haltung einer Mehrheit der amerikanischen Bevölkerung bezeichnen darf. Der zutiefst konservative George W. Bush wird mit diesen Sätzen selbst einen erheblichen Teil der liberal-progressiven Amerikanerinnen und Amerikaner hinter sich wissen. Die Meinungsverschiedenheiten zwischen rechts und links liegen nicht im amerikanischen Sendungsbewusstsein und im Glauben an eine Mission des Landes in der Welt. Sie beginnen erst bei der Definition, um was es bei dieser Mission letztlich geht. Und vor allem, wie man sie zu erfüllen hat.

Der feste Glaube an die amerikanische Mission ist vielen Europäern schwer verständlich, wenn nicht gar zutiefst suspekt. Und in der Tat: Man kann sich die zitierten Worte von George W. Bush in einer Regierungserklärung des deutschen Bundeskanzlers oder des italienischen Ministerpräsidenten schwer vorstellen. Nicht einmal in einer des von Selbstzweifeln in der Regel selten heimgesuchten französischen Präsidenten. Europäische Staats- und Regierungschefs haben seit dem Zweiten Weltkrieg und vor allem im Gefolge des europäischen Einigungsprozesses nie mehr offen von einer universellen Mission ihrer Länder gesprochen. Die eigene Öffentlichkeit würde dies wohl auch kaum goutieren.

Aber das hat wenig mit europäischer Demut und Bescheidenheit zu tun. Im Gegenteil: Imperiale Töne sind im 19. und 20. Jahrhundert aus der Hauptstadt jedes grösseren europäischen Landes zu vernehmen. Das «British Empire» feiert sich mit einer gehörigen Portion Selbstbewusstsein ebenso wie sein französisches Gegenstück im napoleonischen und nach-napoleonischen Zeitalter. Und das historisch verspätete Aufkommen des Deutschen Reiches im 19. Jahrhundert endet bekanntlich in einem geradezu wahnsinnigen imperialen Machtanspruch des «Dritten Reiches». Selbst das ebenfalls spät geeinte Italien versucht sich unter Benito Mussolini in der Attitüde eines Imperiums mit Weltgeltung. Das Unternehmen gerät allerdings zur historischen Operette, lange bevor amerikanische Truppen 1943 dem Spuk ein schnelles Ende machen.

Europa hat sehr wohl an eine Mission in der Welt geglaubt. Die zahlreichen Kolonien in Asien, Afrika und

Lateinamerika sind Ausdruck dieses Glaubens. Heute, wo Europa machtpolitisch als führender Kontinent abgetreten und vornehmlich mit seiner eigenen Einigung und Erweiterung beschäftigt ist, sind nicht nur seine weltpolitischen Verlautbarungen bescheidener geworden. Man ist auch – gerade im Spiegel der eigenen Vergangenheit – skeptischer gegenüber allen missionarischen Überzeugungen und imperialen Ambitionen anderer Staaten.

Das Unbehagen gegenüber dem Führungsanspruch der USA und dem dahinter stehenden Sendungsbewusstsein sitzt tief. Es ist allerdings nicht so neu, wie es die lautstark geführte Diskussion um das amerikanische Imperium der letzten Jahre vermuten liesse. Bereits die Tatsache, dass der Zweite Weltkrieg letztlich durch das Eingreifen der Amerikaner entschieden und damit ein Grossteil Europas von der Naziherrschaft befreit wird, löst im Nachkriegseuropa nicht nur Gefühle der Dankbarkeit aus. Man wird sich sehr schnell bewusst, dass die eigene Welt der Imperien und Reiche verschwunden und gleichzeitig ein neues entstanden ist. Der kurz nach dem Zweiten Weltkrieg aufflackernde Antiamerikanismus in manchen europäischen Ländern hatte einiges mit der Einsicht zu tun, dass der Krieg Europa machtpolitisch deklassiert und ein neues, amerikanisches Imperium geschaffen hatte.

Es wäre ein Fehler, anzunehmen, dass dieses Unbehagen über das neue Imperium nur in Frankreich grösseres Ausmass annimmt. Selbst im neuen, demokratischen Deutschland der Nachkriegszeit schlummert bereits vor den grossen antiamerikanischen Demonstrationen der späten Sechzigerjahre ein latentes Missbehagen über die weltpolitische Allmacht der Amerikaner. Und in Grossbritannien erkennt Winston Churchill bereits als Kriegspremier und engster amerikanischer Verbündeter nüchtern und scharfsinnig, dass sein Land nach dem Krieg zwar zu den Siegern zählen, aber als westliche Weltmacht der einstigen Kolonie jenseits des Atlantiks Platz machen wird. Die nach dem Krieg ans Ruder gekommene Labour Party zählt ihrerseits nicht wenige ausgesprochen antiamerikanische oder zumindest amerika-kritische Köpfe in ihren Reihen.

Doch Frankreich ist in der Tat wohl die einzige europäische Nation, die den amerikanischen Führungsanspruch bis auf den heutigen Tag gezielt in Frage stellt. An der politischen Front versucht es nicht nur, mit seinem ständigen Sitz im Sicherheitsrat und dem damit verbundenen Vetorecht sich als eine «westliche Alternative» zu den USA in Erinnerung zu rufen. Es benutzt auch den europäischen Einigungsprozess als Vehikel, ein europäisches Gegengewicht zum grossen Bruder jenseits des Atlantiks zu schaffen. Aber auch französische Sprache und Kultur werden bewusst als Instrument der französischen «Gegenmacht» zur «Amerikanisierung» der Welt verstanden. Der frühere französische Aussenminister Hubert Védrine hat dies zwar vor wenigen Jahren in seinem berühmten Gespräch mit Dominique Moïsi bestritten.[2] Kultur sei mehr der Hintergrund als ein eigentliches Werkzeug der französischen Aussenpolitik, meint Védrine. Aber das höchst geistreiche Gespräch der beiden bestätigt dann eigentlich das Gegenteil: Sprache und Kultur werden spätestens seit der Präsidentschaft von General de Gaulle konsequent als Mittel im Kampf gegen die amerikanische Vorherrschaft in der Welt des Films, der Medien und der «(Massen-)Kultur» eingesetzt. Védrine, der als Erster von den USA als einer «hyperpuissance» gesprochen hatte, sieht Frankreichs Aufgabe eben gerade darin, der Welt im Globalisierungsprozess eine politisch-kulturelle Alternative anzubieten. Im Gespräch mit Dominique Moïsi tauchen die USA als direkter oder indirekter Referenzpunkt beinahe in jeder Antwort des Ministers auf. Doch wenn man genauer hinhört, ist Frankreich angesichts der tatsächlichen Machtverhältnisse nüchterner und in seinen Zielen weniger anspruchsvoll geworden. Analysiert man Védrines Beschreibung des amerikanisch-französischen Verhältnisses, kommt man zum Schluss, dass er von einer französischen «Alternative» zur amerikanischen Herausforderung wohl noch träumen mag. Er gibt sich aber realistischerweise mit einer Rolle Frankreichs als «Korrektiv» zufrieden.

Dass Europa sich mit dem amerikanischen Imperium nur schwer abfindet, ist eines. Doch das Problem ist komplizierter. Auch Amerika selbst tut sich mit der Idee eines «American empire» paradoxerweise schwer. Man stellt sich in den USA immer und immer wieder offen die Frage, ob man überhaupt eines sei oder sein wolle. Dieses Misstrauen gegenüber einer (zu) starken eigenen Rolle in der Welt hat tiefe historische und ideelle Wurzeln. Die USA haben sich als Staat und Gesellschaft geradezu in Opposition zur Idee des Empires entwickelt. Ihren Unabhängigkeitskrieg gegen die Briten im 18. Jahrhundert begreifen die Amerikaner auch heute noch als eigentliche Revolution. Es ist eine Revolution, die der «illegitimen

Herrschaft» des britischen Imperiums ein Ende setzt und die Monarchie durch eine Republik ersetzt.

Der Stil dieser jungen Republik ist von betonter Nüchternheit, ja puritanischer Strenge geprägt. Der Pomp und das Gepränge der britischen Krone und ihrer Institutionen sind als «imperial» verpönt, ebenso ihre Privilegienwirtschaft und glanzvollen Titel. Nach langen Debatten beschliesst man, das eigene, neue Staatsoberhaupt schlicht und einfach als «Mr. President» anzusprechen.

Der so angesprochene George Washington warnt seinerseits bei seinem Abschied aus dem Amt vor einer amerikanischen Verwicklung in internationale, vor allem europäische Händel aller Art. Doch gleichzeitig spricht derselbe Washington paradoxerweise von einem «rising American empire». Er meint damit allerdings nicht, dass die jungen Vereinigten Staaten mit dem britischen Empire um Macht und Vorherrschaft in der Welt wetteifern sollen. Sein Imperium ist ein ideelles Reich, das durch sein Beispiel moralisch zu führen hat. Thomas Jefferson, der dritte Präsident der USA, zielt in eine ähnliche Richtung. Er sieht Amerika als ein «empire for liberty». Doch ein Imperium im Sinne der europäischen Machtpolitik will man in den USA weder damals noch später sein. So verstanden ist «empire» oft gar ein eigentliches Schimpfwort. Im amerikanischen Bürgerkrieg (1861–1865) wirft der Süden dem Norden vor, er führe sich auf wie ein europäisches Imperium.

Doch das Dilemma zwischen anti-imperialer Rhetorik und geschichtlicher Wirklichkeit wird im 19. und 20. Jahrhundert von Jahrzehnt zu Jahrzehnt grösser. Auch wenn man sich aus den europäischen Streitigkeiten und Machtspielen bis zum Ersten Weltkrieg mehr oder weniger erfolgreich heraushält, im karibischen, zentralamerikanischen und auch pazifisch-asiatischen Raum wird man mehr und mehr zu einer Grossmacht, die sich ganz bewusst auch als solche in Szene setzt. Puerto Rico, Hawaii und die Philippinen werden 1898 annektiert, auch wenn in den USA eine grosse und lautstarke anti-imperialistische Bewegung die Einverleibungen scharf attackiert. Doch deren oft isolationistische Argumentation kann sich im Zeitalter des weltweiten Imperialismus nicht durchsetzen: Die USA – entstanden als erstes Land, das die koloniale Herrschaft erfolgreich abgeschüttelt hatte – beteiligen sich nun selber am weltweiten Rennen um territoriale Eroberungen.

Das 20. Jahrhundert bringt endgültig die Wende. Mit etwelchem Zögern und gegen einen immer wieder stark aufflackernden Isolationismus in den USA selbst, beginnen die Vereinigten Staaten Schritt für Schritt ihre Machtpositionen weltweit auszubauen. Die beiden Weltkriege – beide in Europa ausgebrochen oder im Falle des Zweiten gar bewusst entfesselt – beschleunigen den amerikanischen Aufstieg zum Weltimperium. Bereits 1941 spricht Henry Luce, der Herausgeber des Time Magazine, in einem berühmt gewordenen Essay vom 20. Jahrhundert als dem «American century». Solche pauschalen Etikettierungen sind naturgemäss gefährlich und oft umstritten. In diesem Falle allerdings ist sich die Welt ausnahmsweise einig. Als das Jahrhundert 60 Jahre später zu Ende geht, bestätigen Politiker, Historiker und Kulturphilosophen in aller Welt, dass das 20. Jahrhundert in der Tat das «amerikanische» war.

In den USA selbst wird die Debatte über das eigene Rollenverständnis heftiger. Ist man nun zwangsläufig zu einem Imperium geworden? Der Befund ist (noch) nicht eindeutig. Man ist sich zwar einig, dass das Ende des Kalten Krieges 1989/1990 Amerikas Rolle nicht, wie erhofft, einfacher gemacht hat. Das weltweite Engagement lässt sich nicht einfach abschütteln wie ein unbequemer Überwurf. Dennoch melden sich in den Neunzigerjahren vor allem konservative Isolationisten wieder vermehrt zu Wort und verlangen nun gebieterisch die Rückbesinnung des Landes auf seine Aufgaben zu Hause.

Der ultra-konservative Publizist und Präsidentschaftskandidat Pat Buchanan findet mit seinem 1999 veröffentlichten Buch «A Republic, Not An Empire» ein erstaunlich grosses Echo.[3] Der Buchtitel ist eigentlich auch sein Schlachtruf, mit dem er bereits in den späten Achziger- und frühen Neunzigerjahren die politische Landschaft der USA, vor allem aber die republikanische Partei gehörig verunsichert hatte. Seine Botschaft ist klar: Die USA haben sich nach ihrem Sieg im Kalten Krieg wo immer möglich aus anderen Kontinenten zurückzuziehen und nur in Fällen von höchstem nationalen Interesse international zu intervenieren. Verteidigungsbündnisse wie etwa die NATO sind keine daurnden Einrichtungen, sondern bewusst als Organisationen auf Zeit konzipiert. Ihre Zeit ist nun aber abgelaufen. Amerika muss bescheiden werden und sich auf die Aufgaben im Innern konzentrieren. Buchanan empfiehlt, konsequent einen protektionistischen Weg zum Schutz Amerikas und seiner «working families» einzuschlagen.

Auch wenn Buchanans radikale Forderungen gerade im Bereich Freihandel und Protektionismus einigen Anklang finden, sein Kampf für einen weitgehenden Rückzug der USA aus der Welt stösst auf wenig Zustimmung. Zu sehr wird auch einer breiteren Öffentlichkeit im Lande klar, dass man sich aus der Weltgeschichte nicht einfach still und leise verabschieden kann.

Die Ereignisse des 11. September schliesslich überzeugen die Amerikaner endgültig, dass eine Rückkehr in die geschichtliche Unschuld, eine Flucht in die scheinbare Idylle des 18. Jahrhunderts verbaut ist. Dafür beleben sie nun plötzlich wieder die Empire-Diskussion. 2002 und 2003 erscheinen in unzähligen Tageszeitungen, Wochenmagazinen und Fachzeitschriften buchstäblich Hunderte von Artikeln und Abhandlungen zum Thema. Erstaunlich ist dabei, dass in dieser Diskussion auch jetzt noch der Gedanke, man sei inzwischen ein Imperium geworden, viele Amerikaner weiterhin irritiert.

Victor Davis Hanson, ein blitzgescheiter, streitbarer Professor für klassische Altertumswissenschaften in Kalifornien, beginnt einen Aufsatz 2003 mit der lapidaren Feststellung: «Diejenigen, welche die Vereinigten Staaten als eine imperiale Macht darstellen, liegen schlicht und einfach falsch.»[4] In einem Vergleich mit den Imperien des Altertums und der europäischen Neuzeit kommt er zum Schluss, dass im Falle der USA praktisch alle Analogien irreführend seien. Athener, Römer, Briten, aber auch das

Ottomanische Reich seien systematisch auf Eroberungen und Territorialgewinne aus gewesen. Die USA seien das nicht, meint Hanson, wenn man von den Annexionen im Gefolge des spanisch-amerikanischen Kriegs von 1898 absehe. Die USA hätten zwar Kriege geführt, die meisten aber nur nach langen internen Debatten und nachdem sie selbst angegriffen oder bedroht worden seien. Im Gegensatz zum römischen, aber auch zum britischen Weltreich endeten die Kriege meist mit dem schnellen Abzug der US-Truppen. Wenn sie in Einzelfällen geblieben seien, wie etwa in Deutschland, Japan oder Korea, sei dies auf Grund von Stützpunktverträgen mit den betroffenen Nationen geschehen. Von einem imperialen Besatzungsregime könne in keinem einzigen Fall die Rede sein.

Victor Davis Hansons Überlegungen haben zweifellos einiges für sich. Das Amerika des 20. und 21. Jahrhunderts kann tatsächlich mit dem römischen oder dem britischen Weltreich nicht einfach gleichgestellt werden. Einige Unterschiede springen geradezu ins Auge. Zum einen ist Amerikas Einfluss und Machtbereich weit grösser als der jedes anderen Reichs in der Weltgeschichte. Die USA sind die erste Macht, die wirklich global dominieren. Rom war auch zu den besten Zeiten seiner langen Geschichte immer ein im Wesentlichen auf den Mittelmeerraum ausgerichtetes Reich geblieben. Weiter im Osten, in Persien und China etwa, dominierten andere Reiche von beträchtlicher Grösse. Aber auch das britische Weltreich des 18., 19. und frühen 20. Jahrhunderts hatte klare geografische Beschränkungen und regionale Schwerpunkte. Selbst in Afrika oder Asien, wo es zeitweise eindeutig die stärkste Macht war, hatte Grossbritannien zu akzeptieren, dass Frankreich und andere europäische Kolonialreiche als Mitspieler im Kampf um politischen und wirtschaftlichen Einfluss auftraten.

Zum andern sind die USA – insgesamt gesehen – eine vergleichsweise sanft operierende Hegemonialmacht. Man hat zwar vor allem in betont linken und radikalen Kreisen noch und noch von der ruchlosen, ja «verbrecherischen» Aussen- und Sicherheitspolitik der USA gesprochen. Während einige Kritiker diese Politik als Abirrung der letzten Jahrzehnte und vor allem der letzten Jahre sehen, glauben andere, dass der kriminelle Imperialismus der USA in ihrer Geschichte gewissermassen zwangsläufig angelegt sei. Diese Art von Fundamentalkritik findet übrigens auch Anhänger in den USA selbst.

Doch eine Mehrheit ist bereit, den Vereinigten Staaten in Bezug auf ihr imperiales Selbstverständnis einen gewissen Kredit einzuräumen. Nicht dass man nichts zu kritisieren hätte. Aber im historischen Vergleich zeigen sich einige Eigenarten der amerikanischen Weltmacht, die sich durchaus positiv von früheren Imperien abheben. Dass die Vereinigten Staaten – anders als etwa das Römische Reich – keine dauernden Eroberungen machen und Territorien langfristig militärisch besetzen, ist unbestritten. Selbst dort, wo es ausnahmsweise geschehen ist, wie etwa in Puerto Rico, sind dessen Bürger frei, sich von den USA politisch und völkerrechtlich zu trennen. Die Bewohner der Insel haben das in freien Volksbefragungen mehr als einmal ausdrücklich abgelehnt.

Das römische Imperium baute seine Macht auf Eroberungen und der eigentlichen Unterwerfung des Gegners auf. Karthago wurde nicht nur besiegt, es wurde auch für immer dem Erdboden gleichgemacht. Seine Führer und Tausende ihrer Gefolgsleute wurden entweder getötet oder in die Sklaverei abgeführt. Der römische Historiker Tacitus beschreibt diese – für Rom übliche – Vorgehensweise nüchtern und knapp: «Sie [die Römer] verwüsten das Land und nennen es Frieden.» Rom kannte keine Gnade oder Grosszügigkeit gegenüber den Besiegten. Nach dem Krieg gab es keinen Marshall-Plan, keine Kredithilfe für einen Wiederaufbau. Was nach dem Zweiten Weltkrieg mit dem kaiserlichen Japan oder Hitler-Deutschland geschehen ist, findet keine Parallele in der Geschichte Roms oder selbst anderer Weltreiche.

Aber auch die innere politische Struktur der USA kann kaum mit früheren Reichen und schon gar nicht mit dem römischen verglichen werden. Der US-Präsident wird nicht von einer Prätorianergarde in den Sattel gehoben, sondern in mühsamen, erbitterten Wahlkämpfen für jeweils vier Jahre gewählt. Er hat zwar gewisse Attribute eines Monarchen und tritt gelegentlich auch als solcher auf. Wenn etwa der amerikanische Präsident reist, tut er es konsequent mit der «Air Force One». Dieses Flugzeug ist zwar auch ein Fortbewegungsmittel. Es ist aber zugleich ein Herrschaftszeichen, ein Symbol seiner Machtfülle.

Allerdings, der Hausherr im Weissen Haus ist ein Monarch auf Zeit. Und überdies ist seine Entscheidungsfreiheit durch ein rigoroses System von «checks and balances» eingeschränkt. Seine Tätigkeit wird von einem mächtigen Kongress und einem starken Gerichtssystem überwacht und oft massiv korrigiert. Dafür, dass in der Weltpolitik für den US-Präsidenten die Bäume nicht in den Himmel wachsen, sorgt auch eine entscheidende Bestimmung in der Verfassung: Der Präsident ist zwar «Commander-in-Chief», hat aber letztlich nur eine beschränkte Gewalt über Krieg und Frieden. Er muss diesbezüglich vom Kongress eine ausdrückliche Ermächtigung einholen. Und das ist glücklicherweise, wie die Geschichte zeigt, nicht immer sehr einfach.

Victor Davis Hansons Kritik an der Imperiumsdiskussion, wie sie heute oft geführt wird, überzeugt in vielen Punkten. Seine Schlussfolgerung, dass die USA überhaupt kein Imperium seien, ist dennoch fragwürdig. Es ist zwar richtig, dass die Gleichsetzung der USA etwa mit dem «Imperium Romanum» historisch gesehen unsinnig ist. Aber das schliesst nicht aus, dass man Vergleiche anstellt. Es liegt in der Natur von Vergleichen, dass sie jeweils neben Verschiedenheiten auch Ähnlichkeiten der verglichenen Personen, Institutionen oder Gegenstände aufzeigen. Und in dieser Beziehung ist kaum zu leugnen, dass die heutigen USA mit früheren Grossreichen, darunter auch dem römischen, interessante Gemeinsamkeiten aufweisen. Peter Bender hat dies in seinem Buch «Weltmacht Amerika – Das neue Rom» überzeugend und differenziert getan.[5]

Die Imperiumsdiskussion der letzten Jahre krankt letztlich an zwei Dingen. Erstens verwendet jeder die Ausdrücke «Empire», «Reich» oder «Imperium», ohne sie sauber und exakt zu definieren. Man müsste vielleicht ehrlicherweise beifügen: ohne sie überhaupt schlüssig definieren zu können. Jeder scheint unter einem «Empire» etwas leicht anderes zu verstehen.

Zweitens wird der Begriff nicht selten a priori in einem negativen Zusammenhang verwendet. Das lässt sich paradoxerweise manchmal schon in der amerikanischen Politik und ihrem Vokabular beobachten. «Empire» steht da oft für das «Un-Amerikanische», das allzu Grosse, die Gegenwelt zum Ideal der bürgerlich-republikanischen Tugenden. Und gelegentlich muss das Wort gar für die Darstellung des Verwerflichen, ja des Bösen schlechthin herhalten. Berühmtestes Beispiel: Ronald Reagans Etikettierung der Sowjetunion als «evil empire».

Dazu kommt ein Weiteres. In der gegenwärtigen Imperiumsdiskussion wird der Begriff gerne von Kritikern der US-Politik mit einer ganz bestimmten Absicht verwendet. Imperien sind – historisch gesehen – zwangsläufig vergängliche Gebilde. Früher oder später verschwinden sie von der Landkarte der Geschichte. So haben ernsthafte und auch weniger ernsthafte Historiker seit Jahrhunderten Bücher über den «Aufstieg und Fall» von Reichen geschrieben. Manche dieser Bücher sind Klassiker geworden. Andere machten bloss kurzlebige Schlagzeilen und dienten vor allem dazu, den bevorstehenden Untergang einer noch existierenden Grossmacht zu prophezeien. Es besteht kein Zweifel, dass einige der bekanntesten Amerika-Kritiker der letzten Jahre mit dem Empire-Begriff hantieren, um den unmittelbar bevorstehenden Untergang oder gar den Kollaps der Weltmacht USA umso kräftiger ausmalen zu können. Der britische Soziologe Michael Mann oder der Franzose Emmanuel

Todd etwa haben mit ihren neuesten Büchern zu diesem Thema zwar durchaus interessante, letztlich aber kaum überzeugende Beiträge zum Genre der «Untergangsliteratur» geliefert.[6] Insbesondere Todds Buch gelangt zu sehr kühnen Schlussfolgerungen. Die USA sind für ihn weitgehend ein Phantom-Imperium, das sich mühsam durch Säbelrasseln und Kriege gegen kleine Diktaturen in Nordkorea, Kuba oder Irak weltweit Respekt zu verschaffen versucht. Wirtschaftlich ist das Land für Todd bereits keine Weltmacht mehr. Die Tatsache, dass die internationale Wirtschaft weiterhin massiv in den USA investiert, erklärt er damit, dass niemand so recht gemerkt habe, dass die USA längst ein «Schwächling» geworden sind. Globale Investoren fällen zweifellos öfters Fehlentscheidungen. Läge Todd aber richtig, würde es sich hier um den raren Fall einer beinahe permanenten, kollektiven Fehleinschätzung durch die internationalen Finanzmärkte handeln ...

Was ein Imperium eigentlich ist, vermögen auch Todd und Mann in ihren Arbeiten nicht zu sagen. Aber das haben sie – man muss das eingestehen – mit allen anderen Autoren, die sich auf diesem Gebiet versuchen, gemeinsam. So wird man sich wohl oder übel mit der Umschreibung begnügen müssen, dass Imperien Staatsgebilde sind, die in der Regel über ein erhebliches eigenes Territorium verfügen, über das sie uneingeschränkt «herrschen». Darüber hinaus können sie ihre «Hausmacht» und Souveränität auch über das eigene Territorium hinaus auf verschiedene Weise erweitern. Das kann durch Eroberung geschehen, aber auch durch den Aufbau von Bündnissystemen oder eine wirtschaftliche und kulturelle Vernetzung mit anderen Staaten und Weltregionen. In diesem Sinne sind die USA seit vielen Jahrzehnten ein beachtliches Imperium.

In den USA selbst ist die Fraktion der Imperialisten, der Befürworter eines «American empire», unverkennbar auf dem Vormarsch, trotz aller anti-imperialer Reflexe der Politiker und eines erheblichen Teils der Bevölkerung. Die Einsicht, dass man – gewollt oder ungewollt – nun ein Imperium geworden ist, wächst. Ebenso wächst die Erkenntnis, dass das Ausland die USA als Imperium wahrnimmt.

Die «Imperialistenfraktion» ist allerdings alles andere als eine ideologisch stramme Kampftruppe. Da gibt es sowohl progressive als auch konservative «Imperialisten», welche das «American empire» als historische Tatsache zwar akzeptieren, die damit verbundene Aufgabe aber als Last und Bürde betrachten. In der Regel plädieren sie für eine bewusst multilaterale, kooperative Aussenpolitik des Landes. Aber es gibt auch Kreise (vor allem auf der Rechten), welche die amerikanische Vorherrschaft in der Welt nicht nur als Schicksal hinnehmen, sondern sie ausdrücklich begrüssen. Die «Pax Americana», eine von den USA weltweit durchgesetzte und garantierte Sicherheits- und Friedensordnung, sei nicht nur nötig, sondern auch wünschbar.

Liberale «Imperialisten» sind in den USA weit stärker vertreten, als man in Europa glaubt. Diese Denkschule ist nicht zuletzt in der Tradition eines Woodrow Wilson verankert, des Präsidenten, welcher 1917 die USA in den Ersten Weltkrieg führt und als grosser Vorkämpfer für den

Völkerbund schliesslich mitansehen muss, wie ihm der amerikanische Senat in dieser Frage die Gefolgschaft verweigert. Reine Machtpolitik ist dem früheren Princeton-Politologen auch im Weissen Haus zutiefst suspekt. Das hindert ihn allerdings nicht, wenn nötig den Einsatz von militärischen Mitteln zu befürworten, wenn es um die Durchsetzung von Freiheit, Selbstbestimmung, Menschenrechten und Demokratie geht.

Liberale «Imperialisten» sehen für ihr Land eine führende Rolle bei der Durchsetzung von humanitären und menschenrechtlichen Standards. Manche unter ihnen betrachten sich dabei selbst durchaus als «Realisten». So sind sie zum Beispiel zwar nicht gegen eine starke Rolle der UNO auf diesem Gebiet. Sie trauen ihr allerdings keine solche zu. Einer ihrer entschiedensten Vertreter, David Rieff, meint, dass das Eingreifen bei Massenschlächtereien und Bürgerkriegen wie etwa in Kambodscha, Somalia, Ruanda, aber auch in Bosnien und Kosovo an sich eine Aufgabe für die Vereinigten Nationen wäre. Doch in allen diesen Fällen hätte die Weltgemeinschaft letztlich halbherzig oder gar nicht gehandelt. Ihre Struktur, aber auch das politische Umfeld, in dem die UNO arbeiten müsse, erlaube es ihr letztlich nicht, wirklich kraftvoll und entschieden aufzutreten.[7]

Auch von Europa und der NATO hält Rieff wenig. Weder die EU noch die NATO sind für ihn politisch ernst zu nehmende Kräfte bei allenfalls nötigen militärischen Einsätzen für humanitäre und menschenrechtliche Ziele. Man wird ihm angesichts des beinahe endlosen Dramas um einen europäischen Einsatz in Bosnien und Kosovo leider Recht geben müssen. Grössere Drittweltstaaten schliesslich sind für Rieff ebenfalls nicht in der Lage und meist auch ideologisch nicht willens, in dringenden Fällen zu intervenieren. Das sei selbst so, wenn sich eine Tragödie vor ihrer eigenen Haustüre abspiele, meint er mit einem Seitenblick auf die afrikanische Passivität gegenüber dem entsetzlichen Morden in Ruanda 1994.

Die Schlussfolgerung aus dieser Situation ist – wie Rieff glaubt – unvermeidlich. «Gegenwärtig hat nur der Westen sowohl die Macht und – gelegentlich – auch die Bereitschaft zu handeln. Und mit dem Westen sind eigentlich nur die USA gemeint.»[8] Liberale «Imperialisten» sind sich des Dilemmas über ihre Position durchaus bewusst. Rieff selbst argwöhnt, dass die USA mit dieser entschlossenen Haltung erst recht in die Rolle des Weltpolizisten schlittern könnten. Doch wie mir einer von Rieffs intellektuellen Parteigängern kürzlich nach einer Podiumsdiskussion auf dem Campus sagte: ‹Das ist in der Tat Amerikas grosses Dilemma. Doch hätten Sie uns ruhigen Gewissens empfehlen können, im Fall von Kosovo einfach nichts zu tun? Und war es wirklich besser, bei den Massenschlächtereien in Ruanda und auch Kambodscha wegzusehen, wie wir und die ganze Welt es getan haben?»

Neben liberalen gibt es auch eine erhebliche Zahl von konservativen «Imperialisten», welche die Notwendigkeit einer Führungsrolle der USA einsehen, aber dennoch zu Umsicht und vor allem einer möglichst multilateralen, kooperativen Aussenpolitik raten. Nicht selten findet sich in diesen Reihen gleichzeitig auch eine starke Skepsis gegenüber jedwelchem amerikanischen Moralismus in der Welt. Auch die liberal-aufgeklärte, «wilsonische» Spielart dieses Sendungsbewusstseins ist diesen Leuten oft zutiefst suspekt. Amerika sei zweifellos eine imperiale Macht und habe deshalb zwangsläufig auch eine Führungsrolle zu übernehmen, meint etwa Deepak Lal, Professor an der University of California in Los Angeles. Doch wenn es dabei gleichzeitig versuche, westliche Wertsysteme und -vorstellungen zu exportieren, werde dies Unruhe und Chaos schaffen, nicht Stabilität. Mit Blick auf den Nahen Osten meint Lal knapp und bündig: «Es ist die vordringlichste Aufgabe im neuen Imperium, die islamische Welt in die Moderne zu führen, ohne dabei zu versuchen, ihr ihr innerstes Wesen zu nehmen.»[9]

Weit aggressiver werden diese und andere Fragen von den so genannten neokonservativen Imperialisten angegangen. Sie bejahen nicht nur die Existenz eines amerikanischen Imperiums, sie halten es schlechterdings für unverzichtbar. Einer ihrer überzeugtesten (wenn auch nicht überzeugendsten) Vertreter, Charles Krauthammer, bringt diese Haltung wie folgt auf den Punkt: «Die amerikanische globale Vorherrschaft ist eine gute Sache. Sie zu erhalten verlangt, dass sie direkt und unverblümt ausgeübt wird.»[10] Deutlicher könnte man hier wohl kaum werden. Krauthammer, ein nicht gerade zimperlicher Vertreter seiner Idee, hat schon 1990 provokativ davon gesprochen, dass mit dem Ende des Kalten Krieges und dem Zusammenbruch des bipolaren Machtsystems nun ein Zeitalter der amerikanischen «Unipolarität» begonnen habe. Das Machtgefälle zwischen der USA und dem Rest der Welt sei inzwischen so gross geworden, dass bipolare oder gar multipolare Machtsysteme für die absehbare Zukunft realitätsfremde Gedankenspiele seien.

Man hat bereits damals Krauthammer und anderen neokonservativen Denkern und Aktivisten vorgeworfen, ihre ideologischen Positionen beruhten auf einer kruden Mischung von amerikanischem Optimismus, Selbstüberschätzung und Arroganz. Der Vorwurf war und ist nicht unberechtigt. Doch der unverhohlen triumphalistische Ton dieser Kreise erklärt sich teilweise aus den Zeitumständen, unter denen sie in den Neunzigerjahren plötzlich Oberwasser erhalten. Die Neocons erregen zwar schon unter Ronald Reagan eine gewisse Aufmerksamkeit, und ihr Einfluss auf die damalige Aussenpolitik ist in gewissen – allerdings nicht allen – Fragen deutlich spürbar. Dennoch, in den Medien, aber auch in den tonangebenden intellektuellen Zirkeln werden sie meist als interessante, aber spleenige Hilfstruppe des Präsidenten abgetan. Ronald Reagans unerschütterliches Credo vom Sieg der Freien Welt über das «evil empire» im Osten wird müde belächelt. Manche US-Liberale empfinden diese simplen Überzeugungen geradezu als Peinlichkeit, für die sie sich in Europa und anderswo andauernd entschuldigen.

In breiten akademischen und politischen Zirkeln diskutiert man in den Achtzigerjahren – trotz Reagans Optimismus – mit Vorliebe den militärischen, politischen und wirtschaftlichen Niedergang Amerikas. Das bipolare System des sowjetisch-amerikanischen Gleichgewichts wird nicht nur in ausgesprochen liberalen und linken Kreisen als sakrosankte Tatsache hingenommen. Ende der Achzigerjahre erscheint Paul Kennedys «The Rise and Fall of the Great Powers».[11] Der angesehene Yale-Historiker warnt, dass die USA mitten in einer Phase des «imperial overstretch» (gelegentlich braucht er auch den Ausdruck «overreach») stünden. Grosse Reiche haben – so Kennedys faszinierende These – die Tendenz, auf ihrem Zenit sich wirtschaftlich und finanziell zu übernehmen, nicht zuletzt weil sie sich immer stärker auf ihre kostspielige Militärmacht abstützen. Die Folge eines solchen «overstretch»: der manchmal langsame, manchmal schnelle Niedergang eines Imperiums. Kennedys These polarisiert Ende der Achzigerjahre ungewöhnlich stark. Sein Buch ist allerdings nur eines in der langen Reihe der üppig blühenden Niedergangsliteratur. Die so genannten «declinists», die Schule der Nieder- und Untergangstheoretiker, haben Hochbetrieb. Allerdings nicht lange.

Kaum drei Jahre nach dem Erscheinen von Kennedys Werk kommt es zum Kollaps der Sowjetunion und damit des bipolaren Machtsystems. Die USA sind plötzlich die einzige Supermacht dieser Erde. Dies bringt naturgemäss beträchtliche Verwirrung ins Lager der «Deklinisten», und manche von ihnen beginnen, ihre Thesen abzuschwächen, oder revidieren sie gar grundsätzlich. Auch Kennedy selbst kommt im Februar 2002 in der «Financial Times» zu Schlussfolgerungen, die von vielen als erhebliche «Kurskorrektur» gewertet werden.[12]

Kein Wunder, dass in den Neunzigerjahren und vor allem mit dem Machtwechsel im Weissen Haus 2001 neokonservative Hegemonialisten gewaltigen Aufwind erhalten. Ihre Thesen werden nun in den Medien plötzlich diskutiert. Der 11. September 2001 und die anschliessende Diskussion über das amerikanische Vorgehen im Irak bringen die aussenpolitischen Thesen der Neocons erstmals einer wirklich breiten Öeffentlichkeit näher.

Auch wenn die Neokonservativen wohl nicht als feste Gruppe oder gar als Bewegung mit einheitlicher ideologischer Zielsetzung betrachtet werden können, in ihren aussen- und sicherheitspolitischen Grundpositionen sind sie sich einig. Es sind zwar, wie Irving Kristol, einer ihrer Ziehväter sagt, keine «Glaubenssätze», sondern bloss «Maximen». Sie leiten sie vorwiegend aus historischen Erfahrungen ab.[13] So sind Neokonservative für ein starkes Engagement der USA, aber dezidiert keine «Internationalisten». Internationalismus ist für sie so etwas wie ein Schimpfwort und suggeriert die Idee einer «Weltregierung», einer Aufgabe nationaler Souveränität zugunsten supranationaler Organisationen. Die UNO ist zwar an sich kein derartiges Gebilde, dennoch bringen ihr die Neocons tiefes Misstrauen entgegen. Die Idee eines Weltsicherheitsrates ist für sie zur Not noch akzeptierbar, aber eigentlich nur deshalb, weil seine Entscheidungen von den USA im Bedarfsfall mit einem Veto zu Fall gebracht werden können. Schliesslich ist die Durchsetzung nationaler Interessen für Neokonservative eine Selbstverständlichkeit. Doch unter diesem Begriff verstehen sie mehr als nur die Verteidigung oder Durchsetzung ökonomischer oder machtpolitischer Interessen. Die Identität der USA – so meint Irving Kristol – beruht letztlich auf einer Ideologie. Das habe das Land grundsätzlich mit der früheren Sowjetunion gemeinsam. Es habe deshalb in der Welt neben materiellen unweigerlich auch ideologische Interessen. Mit anderen Worten: Die USA haben in den Augen der Neokonservativen ihre «Grundwerte» nicht nur im eigenen Lande zu verteidigen, sondern wenn nötig auch in der Welt. So verstanden ist die Idee des «American empire» nicht nur vertretbar, sondern eine eigentliche Notwendigkeit. Es ist eine politische und strategische Notwendigkeit, nicht nur für die USA, sondern auch für die Welt selbst.

Traditionelle Konservative innerhalb der republikanischen Partei schlagen im persönlichen Gespräch über solche Theorien entsetzt die Hände über dem Kopf zusammen. Nicht wenige trösten sich mit dem Gedanken, dass in den täglichen Entscheiden auch der Bush-Administration die Suppe nicht so heiss gegessen wird, wie sie gekocht wurde. In der Tat sind eigentliche Neokonservative etwa im Bush-Kabinett nur vereinzelt auszumachen. Im Pentagon verdient zwar der Stellvertretende Verteidigungsminister, Paul Wolfowitz, als Neokonservativer etikettiert zu werden. Sein Chef, Donald Rumsfeld, ist aber mit Sicherheit keiner. Vizepräsident Dick Cheney ist in mancherlei Beziehung erzkonservativ, aber zur Ideologie und intellektuellen Rhetorik der Neokonservativen hat er ein zwiespältiges Verhältnis. Und schliesslich lässt auch Staatssekretär Colin Powell im Gespräch höflich aber bestimmt durchblicken, dass er mit der neokonservativen Gedankenwelt wenig anzufangen weiss. Das macht ihn – kaum überraschend – seit langem zur äusserst beliebten Zielscheibe neokonservativer Publizisten. Der Präsident selbst ist zwar ohne Zweifel zutiefst konservativ. Doch George W. Bush kann gleichzeitig auch erstaunlich pragmatisch sein, wenn es darauf ankommt. Und der ausgeprägte intellektuelle Habitus der neokonservativen Zirkel geht ihm, wie bekannt, gänzlich ab.

Weil die Neocons keine Bewegung, geschweige denn eine fest organisierte Gruppe sind, ist ihr tatsächlicher Einfluss schwer fassbar. Manche betrachten sie als gar *die* tonangebende Kraft in der US-Aussenpolitik der letzten Jahre. Andere sehen sie als kleine, aber dennoch fallweise einflussreiche Sekte, die sich medienmässig gut ins Licht zu rücken weiss. In der Tat gehört eines ihrer inoffiziellen Sprachrohre, «The Weekly Standard», zur Pflichtlektüre jedes politischen Insiders in Washington DC.

Der Einfluss der Neokonservativen wird gerade in Kreisen, die sie gerne dämonisieren, massiv überschätzt. Doch es ist schwer zu bestreiten, dass die Aussenpolitik der jetzigen Bush-Administration zumindest teilweise ihre Handschrift trägt. Und ebenso klar ist, dass ihre intellektuellen Vertreter auch im Ausland mehr und mehr zur Kenntnis genommen werden. Richard Perle, Bill und Irving Kristol, Max Boot, Robert Kagan oder Charles Krauthammer sind Köpfe, deren Artikel und Medienauftritte heute in einschlägigen Kreisen auch in Europa diskutiert werden. Einige von ihnen vertreten ihre inhaltlich harten Positionen mit Konzilianz, Witz, ja Charme. Andere – wie etwa Charles Krauthammer – greifen jeweils bei der ersten Gelegenheit gleich zum Zweihänder.

Die Neocons sind die Einzigen, welche die Vorstellung eines amerikanischen Imperiums nicht nur akzeptieren und bejahen, sondern es geradezu als geschichtliche Notwendigkeit feiern. Doch sie sind mit dieser Haltung selbst in den USA in der Minderheit. Die Tatsache etwa, dass Präsident Bush die Idee des Empires ausdrücklich verwirft, zeigt, dass Triumphalismus in der amerikanischen Öffentlichkeit keine tragfähige Mehrheit finden würde.

Doch auch Bush und viele seiner Landsleute von links bis rechts, die in ihren Reden republikanische Einfachheit beschwören und Gedanken an ein imperiales Amerika als etwas letztlich «Un-Amerikanisches» abtun, machen sich etwas vor.

Die USA sind längst ein Imperium geworden. Auch wenn sie selbst keines sein wollen, die Welt nimmt sie spätestens seit dem Ende des 20. Jahrhunderts als solches wahr. Ein Zurück gibt es nicht mehr. Die Frage ist nur: Wie soll sich dieses Imperium in der Welt behaupten? Diese Frage ist nach dem Kalten Krieg schwerer zu beantworten denn je. Eine eindeutige und überzeugende Antwort hat Amerika bis heute nicht gefunden.

«Can the US go it alone?» –
Das Dilemma einer Weltmacht

Niemand wird es im Ernst bestreiten: Im Zeitalter des Kalten Krieges und damit der Bipolarität war das amerikanische Imperium geradezu darauf angewiesen, seine Stellung durch bilaterale und multilaterale Bündnisse weltweit abzusichern. Es war pure Notwendigkeit. «The US can't go it alone», Amerika kann es allein unmöglich schaffen, darüber herrschte Einigkeit. Die USA brauchten nach 1945 die Welt, brauchten Allianzen und Partner. Niemand in der damaligen US-Führungselite dachte ernsthaft an Isolationismus, an die eigene Abnabelung von der Welt und ihren Problemen.

Dennoch, der Traum von der guten alten Zeit, als Amerika, beschützt von Atlantik und Pazifik, angeblich nur den eigenen Geschäften nachging und sich aus den Händeln in Europa heraushielt, schlummerte weiter. Isolationismus mochte für amerikanische Politiker, Wirtschaftsführer, Generäle und Journalisten keine seriöse Alternative sein. Für unzählige Amerikanerinnen und Amerikaner war es eben doch zumindest eine Möglichkeit. Man akzeptierte zwar, dass der Traum für absehbare Zeit eben nur ein Traum war. Angesichts der Konfrontation mit dem sowjetischen Imperium ging es ohne weltweites Engagement offenbar nicht ab. Aber Millionen hofften insgeheim, dass eines schönen Tages in der Zukunft der Zweikampf mit dem Osten zu Ende gehe und Amerika die Welt wieder sich selbst überlassen könne.

Genau dieser Wunsch scheint 1989 in Erfüllung zu gehen. Die Berliner Mauer fällt, die osteuropäischen Satellitenstaaten sagen sich von Moskau los, und zwei Jahre später, am 26. Dezember 1991, löst sich die einst stolze

Sowjetunion selbst auf. Ronald Reagan und mit ihm einige standfeste «Kalte Krieger» hatten zwar den Zusammenbruch des Sowjetimperiums immer wieder prophezeit. Als der Kollaps dann aber wirklich eintritt, ist auch in den Vereinigten Staaten niemand darauf vorbereitet.

Was sollte man nun tun? Ist der Rückzug Amerikas aus der Welt nun plötzlich mehr als nur eine theoretische Möglichkeit? Er ist es nicht. Zwar hat man den Kalten Krieg «gewonnen», doch das amerikanische Engagement in der Welt lässt sich nicht einfach so leicht ungeschehen machen. Man ist in diese Welt und ihre vielen Probleme und Konflikte eingebunden, ob man das will oder nicht. Doch der Ruf nach mehr «Amerika» und weniger «Welt» wird unüberhörbar. Das Land beginnt sich wieder stärker mit sich selbst zu beschäftigen. Innen- und wirtschaftspolitische Themen dominieren die öffentliche Debatte. Präsident George H. Bush, der als strahlender Sieger des ersten Irak-Kriegs noch 1991 stolze Zustimmungsraten von über 90 % der Wählerinnen und Wähler aufweist, wird in den Wahlen von 1992 vom Gouverneur eines kleinen Südstaats geschlagen, der mit dem inoffiziellen Wahlslogan «It's the economy, stupid!» in den Kampf gezogen war. Umfragen zeigen übereinstimmend, dass George H. W. Bush die Wahl verloren hat, weil man ihn als Präsidenten wahrnimmt, der allzu sehr an der Weltpolitik, kaum aber an den Nöten und Alltagssorgen der Amerikaner interessiert ist. Aussenpolitik ist nun plötzlich so etwas wie ein Luxusartikel geworden. Das Establishment und die politische Elite mögen sie interessant und wichtig finden. «Joe Sixpack», den sprichwörtlichen Durchschnittsamerikaner, kümmert sie wenig.

Die Illusion eines Landes, das sich nun weitgehend seinen eigenen Problemen zuwenden kann, währt allerdings
nicht lange. Der gleiche «Joe Sixpack» wird unsaft aus seinen Träumen wach gerüttelt, als am Morgen des 11. September 2001 drei amerikanische Verkehrsflugzeuge in die
Zwillingstürme des World Trade Centers in New York und
das Pentagon in Washington DC rasen. Die Welt und ihre
Probleme melden sich mit brutaler Härte zurück. Nach
dem ersten Schock wird bald einmal klar, dass die USA
die Herausforderung des 11. September annehmen und in
die Gegenoffensive gehen. Präsident Bush interpretiert
die Stimmung im Lande durchaus richtig, wenn er unver-
schnörkelt davon spricht, dass der Terror entschlossen
niedergekämpft und «die Feinde der Freiheit» zur Re-
chenschaft gezogen werden müssen. In einem skeptischen
Europa werden seine Erklärungen in weiten Kreisen als
hart und simplistisch betrachtet. In den USA treffen sie
die Gemütslage der meisten Menschen und werden deshalb verstanden.

Der 11. September 2001 hat den Amerikanern die letzte Hoffnung genommen, dass sie auch ohne intensives
und mühsames Engagement in der Welt leben können.
Die immer wieder liebevoll gepflegte alt-amerikanische
Idylle von einem friedlichen Amerika, das seinen eigenen
Geschäften nachgehen kann, ist tot. Man weiss, dass man
nicht länger die (angebliche) Unschuld der frühen Republik wieder herstellen kann. Die heile Welt des «Swiss
Heidi» – eine in den USA bezeichnenderweise unglaub-
lich populäre Geschichte – bleibt mehr denn je ein ferner
Traum. Man wird sich endgültig bewusst, dass man selbst
weder das «Heidi» noch den «Alpöhi» spielen kann, wenn

der Rest der Welt in den USA schon längst den «800 pound gorilla» sieht.

Spätestens seit dem 11. September 2001 heisst die Frage nicht mehr, ob man sich in der Welt engagieren soll. Die blutigen Anschläge in New York und Washington haben diese Frage für die meisten Amerikaner endgültig beantwortet. Doch der Streit über das amerikanische Auftreten und Engagement in der Welt verebbt damit keineswegs. Im Gegenteil. Es wird härter debattiert denn je. Und wenn dabei auch die alten Gräben der Isolationismusdebatte zugeschüttet werden, neue tun sich auf und werden beinahe täglich breiter. Die prinzipielle Einigkeit, dass Amerika sich der Welt nicht entziehen könne, hilft wenig weiter, wie die Diskussion sehr rasch zeigt. Nachdem die Frage, *ob* man sich engagieren soll, vom Tisch ist, streitet man sich nun über das *«Wie?»* des offenbar unvermeidlichen Engagements.

Wie sollen die USA in der Welt auftreten? Mit welchen Mitteln sollen amerikanische Interessen durchgesetzt werden? Dies ist letztlich die Frage. Grundsätzlich kann man sie mit zwei – in der Theorie sehr verschiedenen – Lösungsansätzen beantworten. Zum einen ist das amerikanische Engagement in der Welt durch einen «unilateralen» Approach möglich, zum anderen durch eine «multilaterale» Politik. «Unilateralismus versus Multilateralismus», darüber reden sich denn auch in den USA – und weit darüber hinaus – die Leute die Köpfe heiss.[1]

Doch die Fragestellung ist nicht ganz so einfach, wie sie auf den ersten Blick erscheint. Multilateralismus in Rein-

kultur gibt es so wenig wie absoluten, bedingungslosen Unilateralismus. In der gegenwärtigen amerikanischen Debatte
darüber schlägt man sich die beiden Begriffe zwar noch und
noch um die Ohren. Und es macht durchaus Sinn, sie zu ge-
brauchen. Doch sie zeigen eigentlich nur zwei Pole in einer
spannungsreichen Diskussion an, mehr nicht. Zwischen ihnen liegen in der Praxis unzählige Zwischenpositionen und
Nuancen. Um diese geht es letztlich in der Debatte über das
«Wie?» in der amerikanischen Aussenpolitik.

Wer die Diskussion der letzten Jahre näher verfolgt
hat, kann allerdings etwas nicht übersehen. Die Debatte
über die Mittel und Wege, amerikanische Interessen in der
Welt durchzusetzen, bleibt zwar offen. Doch die Gewichte
in dieser Diskussion verschieben sich seit den frühen
Neunzigerjahren merklich in Richtung «Unilateralismus».
Zwar insistiert selbst die Administration von George W.
Bush immer wieder darauf, dass Unilateralismus kein
brauchbares Rezept sei. Aussenminister Colin Powell und
selbst ausgesprochene «Falken» in der gegenwärtigen Administration verwenden viel Energie und Zeit darauf, der
Welt und dem eigenen Lande zu erklären, dass man
grundsätzlich multilateral operiere. Aber selbst Vertreter
des traditionell «multilateralistischen» State Department
verwenden in Hintergrundgesprächen offen den Ausdruck «selective multilateralism», wenn es darum geht, die
US-Position näher zu definieren.

Ein von vielen Europäern liebevoll und hartnäckig ge-
pflegtes Vorurteil will es, dass George W. Bush für die
amerikanische Wende zum Unilateralismus verantwortlich ist. Doch das Abrücken von einer grundsätzlich mul-

tilateralen Aussenpolitik beginnt nicht erst unter der Ägide des Texaners. Dieser Prozess beginnt vielmehr schon in den frühen Neunzigerjahren und hat mit den tief greifenden geopolitischen Änderungen nach dem Zusammenbruch des Sowjetimperiums zu tun. Die bisherigen traditionellen Allianzen wie etwa die NATO werden zwar nicht über Nacht sinn- oder bedeutungslos. Sie werden aber als westliche Bündnisse gegen den «kommunistischen Osten» in diesem völlig neuen Umfeld plötzlich «erklärungsbedürftig». Der grosse politische und militärische Gegenspieler ist weg. Was gibt es da für die NATO noch zu tun? Diese lapidare Frage dominiert die öffentliche Diskussion der Neunzigerjahre.

Ebenso wichtig ist aber auch die Tatsache, dass die USA selbst sich Gedanken machen, ob sie denn weiterhin auf feste Bündnisse und Partner unbedingt angewiesen sind. Zwar betont gerade die Administration von George H. W. Bush (1989–1993) auffällig ihr Interesse an Konsensbildung und einem möglichst multilateralen Vorgehen. Der konsequente, langfristige Aufbau einer breiten Koalition im ersten Irak-Krieg 1990/1991 wird diesbezüglich zu einem eigentlichen Meisterwerk multilateraler Diplomatie. Auch wenn Russen und Chinesen abseits stehen und ihre grundsätzliche Opposition gegen das Unternehmen nur mühsam kaschieren, die Operation «Desert Storm» ist ein Feldzug der «Völkergemeinschaft», zwar angeregt und angeführt von den USA, aber voll mandatiert durch die UNO und ihren Sicherheitsrat.
Doch der erste Irak-Feldzug ist letztlich eher ein «Schlussfeuerwerk» des Multilateralismus als die Fortsetzung einer jahrzehntelangen Tradition. Die Clinton-Ad-

ministration, die im Jahr 1993 das Zepter übernimmt, unterstreicht in den nächsten acht Jahren offiziell zwar die Wichtigkeit, wenn immer möglich multilaterale Lösungen zu finden. Auch der harmoniebedürftige Präsident selbst, der sich anfänglich nur am Rande für Aussenpolitik interessiert, plädiert wenn immer möglich für ein breit abgestütztes Vorgehen. Doch sein aussen- und wirtschaftspolitisches Team verhandelt gelegentlich äusserst hart und schreckt auch vor Konfrontationen mit Freunden nicht zurück. Seit Mitte 1995 mehren sich die Zeichen, dass die Clinton-Administration auf dem internationalen Parkett durchaus «hardball» spielen kann, falls es ihr zweckmässig erscheint.

Die Ungeduld des Präsidenten mit dem äusserst schleppenden Reformprozess in der UNO erreicht ihren Höhepunkt, als die USA 1996 hinter den Kulissen den ihr missliebigen UNO-Generalsekretär Boutros Boutros-Ghali (1992–1996) unsanft daran hindern, für vier weitere Jahre im Glaspalast am East River zu amten. Die damalige amerikanische UNO-Botschafterin Madeleine Albright organisiert und inszeniert den diplomatischen Coup mit bemerkenswerter Unzimperlichkeit. Der ehemalige ägyptische Chefdiplomat wird später seinem Ärger über die Amerikaner in einem Buch und unzähligen Artikeln und Interviews Luft machen. Seine galligen Bemerkungen und giftigen Anklagen gegen die amerikanische Dominanz mögen überspitzt sein. Sie offenbaren überdies eine tiefe persönliche Frustration über seinen wenig elegant inszenierten Abgang von der Weltbühne. Aber sieht man vom polemischen Unterton seiner Bemerkungen einmal ab, sind seine Beobachtungen über die tief greifenden Änderungen in der amerikanischen Aussenpolitik in der Anlage durchaus zutreffend. In einem besonders aggressiven Interview mit dem britischen «Guardian» am Vorabend des Irak-Krieges im März 2003 spricht er davon, dass die US-Aussenpolitik in den letzten zehn Jahren eine fundamentale Kursänderung («fundamental shift») durchgemacht habe. Diese neue Politik seit Anfang der Neunzigerjahre widerspreche grundsätzlich der Philosophie der Vereinigten Nationen, die auf der Idee des Konsens und des Multilateralismus aufgebaut sei. Die neue US-Philosophie, so meint Boutros-Ghali sarkastisch, basiere auf dem Grundsatz: «We don't need consensus, I decide.»[2]

Auch Clintons Politik gegenüber dem Projekt des Internationalen Strafgerichtshofes (International Criminal Court, ICC) ist bei weitem nicht so «multilateral» angelegt, wie es den Anschein macht. Als die Bush-Administration im Frühjahr 2002 die amerikanische Unterschrift unter den ICC-Vertrag in aller Form zurückzieht, sind in europäischen Zeitungen zum Teil scharfe Kommentare zu lesen, die beinahe wehmütig daran erinnern, dass Bill Clinton noch kurz vor seiner Amtsübergabe an Präsident Bush die amerikanische Unterschrift unter den Vertrag veranlasst hatte. Was sie nicht erwähnen, ist die eher mühsame Vorgeschichte, die dieser Unterschrift vorausgeht. Clintons Administration hatte noch 1998 in Rom gegen die Schaffung des ICC gestimmt, weil die damalige Resolution zur Schaffung des Gerichtshofs für die USA zu wenig Zusicherungen für eine wirkliche Garantie amerikanischer Souveränitätsrechte enthielt. Nur schon der Gedanke, dass mit dem ICC so etwas wie ein Weltrecht, eine «universal jurisdiction», möglich würde, liess die Clinton-Administration vor einer Unterstützung des Projekts zurückschrecken. Obwohl man den USA im Vorfeld der Römer Abstimmung in einigen Punkten noch in letzter Minute entgegenkommt, ist die Meinung in Washington gemacht. In der vorliegenden Form ist der Vertragsentwurf mit dem amerikanischen Souveränitätsdenken nicht kompatibel. Die Vereinigten Staaten, zusammen mit China, Irak, Lybien, Yemen, Qatar und Israel, stimmten in Rom dagegen, 120 Nationen votierten dafür, 21 enthielten sich der Stimme.

Als Clinton dann nach langem Zögern Ende 2001 doch noch die erwähnte Unterschrift unter den inzwischen ausformulierten Gründungsvertrag setzen lässt, tut er dies ausdrücklich mit dem Hinweis, dass er das Vertragswerk in der vorliegenden Fassung dem US-Senat nicht zur (obligatorischen) Ratifizierung vorlegen könne. Es sei an der neuen Bush-Administration, von den UN zunächst wichtige «Klarstellungen» und Zusicherungen zur zukünftigen Praxis des ICC zu erhalten. Der abtretende amerikanische Präsident ist sich zu diesem Zeitpunkt bereits bewusst, dass sich selbst nach solchen Klarstellungen niemals eine Senatsmehrheit für eine Ratifizierung des Vertrags finden wird.

Ein ähnliches Schauspiel manifestiert sich in jenen Jahren auch in der Umweltpolitik. Das so genannte Kyoto-Protokoll über eine weltweite Regelung im Bereich der Treibhausgase wird 1997 nach äusserst harten Verhandlungen und einem intensiven amerikanischen Powerplay für die USA schliesslich unterzeichnet. Doch

Stuart Eizenstat, der harte und äusserst zähe amerikanische Chefunterhändler vor Ort sowie der in letzter Minute nach Japan eingeflogene Vizepräsident Al Gore wissen bereits bei der Unterzeichnungszeremonie, dass der Vertrag vor dem Senat praktisch keine Chance hat. Nicht nur die Republikaner würden dagegen sein, so gesteht Eizenstat im privaten Gespräch später, auch für eine klare Mehrheit der demokratischen Senatoren wäre eine Zustimmung unvorstellbar.

Man mag einwenden, dass sowohl im Fall des ICC als auch beim Kyoto-Protokoll die Haltung der Clinton-Administration niemals so hart ausgefallen wäre, wäre Clinton innenpolitisch nicht unter massivem Druck der seit 1994 tonangebenden konservativ-republikanischen Mehrheit im Kongress gestanden. Das ist richtig und gilt bis zu einem gewissen Grad selbst für die UNO-Politik jener Jahre. Aber die Clinton-Administration folgt in diesen Fällen zumeist bloss einer konservativen Grundhaltung im Land, die nach Jahrzehnten des Kalten Kriegs wenig Interesse an einem neuen, multilateral geprägten Internationalismus zeigt.

Schliesslich sind in diesem Zusammenhang auch die hoch emotionalen Diskussionen um den Landminen-Sperrvertrag zu sehen. Es ist Präsident Clinton selbst, der im September 1997 nach langem und gründlichem Abwägen öffentlich bekennt, dass er es als «Commander in Chief» nicht verantworten könne, seine Truppen (vor allem im massiv verminten koreanischen Grenzgürtel) ungeschützt der Gefahr eines feindlichen Angriffs auszusetzen. Weniger als drei Monate später unterschreiben in Ottawa 122 Nationen, unter ihnen alle engen amerikanischen Bündnispartner in Europa, das Abkommen. Auch hier spielt zweifellos der innenpolitische Druck eine erhebliche Rolle. In diesem Falle waren es vor allem das Pentagon und prominente Truppenführer, die den Präsidenten in die Zange nahmen. Und auch hier zeigt sich einmal mehr, dass trotz weltweiter Proteste der gewiefte Taktiker Clinton genau weiss, dass die Mehrheit der Amerikanerinnen und Amerikaner das Problem in erster Linie als eine Frage der eigenen nationalen Sicherheit einstuft.

Man vergisst oder verdrängt es heute nur allzu gern: die amerikanische «Arroganz», oder – wenn man es weniger polarisierend ausdrücken will – die zunehmende Neigung der USA zu eigenmächtigem Handeln wird schon in den Neunzigerjahren zunehmend argwöhnisch beobachtet. Unilateralismus ist zwar kein Glaubenssatz der Clinton-Administration. Ganz im Gegenteil. Wenn aussenpolitische Ziele multilateral zu erreichen sind, versucht man es selbstverständlich mit Konsultationen und Absprachen. Doch ist auch für Bill Clinton, Madeleine Albright und ihren Chefdiplomaten bei der UNO, Richard Holbrooke, immer klar, dass im Notfall eben auch unilaterale und von der UNO bzw. dem Sicherheitsrat nicht abgesegnete Aktionen gerechtfertigt sind. Oder wie es der britische Politologe Christopher Croker formuliert: «Multilateral wenn möglich, unilateral wenn nötig, das war der Katechismus der Clinton-Administration.»[3]

Man kann diese Art multilateraler Weltpolitik als «Multilateralismus à la carte» bezeichnen. Wenn man mit einer multilateralen Vorgehensweise zum Ziel kommt, umso besser. Wenn nicht, kommt es zum Alleingang.

Die Neigung, es wenn nötig mit Alleingängen zu versuchen, beginnt also nicht erst mit George W. Bush. Die Weichen hierzu werden bereits in den frühen Neunzigerjahren gestellt, als klar wird, dass die USA als einzige wirkliche Weltmacht sich einer völlig neuen politischen und strategischen Situation gegenüber sehen. Die alten historischen Bündnisse des Kalten Krieges haben einiges von ihrer Bedeutung verloren. Der alte Feind, den diese Bündnisse in Schach halten sollten, ist buchstäblich über Nacht verschwunden. Die neuen Gefahren für eine stabile Weltordnung werden plötzlich in unberechenbaren Aussenseiterregimes von Nordkorea bis Libyen gesehen. Und die verheerenden Terror-Anschläge auf die US-Botschaften in Nairobi und Dar-es-Salaam lassen bereits 1998 ahnen, wo in Zukunft der hartnäckigste und unheimlichste Feind der Weltmacht Nummer eins sitzen wird.

Die USA ziehen aus dieser neuen Situation zwangsläufig ihre Konsequenzen. Alte Bündnissysteme, wie etwa die NATO, werden konzeptionell überprüft. Neben Ordnungsaufgaben im Balkan übernimmt nun die NATO im Kontext des Kampfes gegen den Terrorismus auch Aufgaben ausserhalb Europas. Selbst Einsätze im Pulverfass des Mittleren Ostens werden nun erstmals zur Diskussion gestellt. Doch letztlich bleibt die Tatsache, dass die neue Weltlage für die USA ein grundsätzliches, radikales Überdenken ihrer gesamten aussen- und sicherheitspolitischen Konzepte nötig macht.

Die entscheidende Weichenstellung erfolgt nach dem Amtsantritt von George W. Bush. Der neue Präsident ist – wie sein Vorgänger – zu Beginn seiner Tätigkeit im Januar 2001 in aussenpolitischen Angelegenheiten wenig erfahren. Und er zeigt, ebenso wie Bill Clinton im Januar 1993, anfänglich auch wenig Interesse, auf dem diplomatischen Parkett selbst aktiv zu werden. Doch er versammelt gleich zu Beginn – im Gegensatz zu Clinton 1993 – ein Team von ausgesprochen starken Aussen- und Sicherheitspolitikern um sich. Condoleezza Rice, die neue Sicherheitsberaterin des Präsidenten, Staatssekretär Colin Powell, Verteidigungsminister Donald Rumsfeld und dessen Vize Paul Wolfowitz und nicht zuletzt der auch in diesem Bereich höchst einflussreiche Vizepräsident Richard Cheney sind – trotz ihrer mitunter offensichtlichen Meinungsverschiedenheiten und auch persönlichen Reibereien – ein eingespieltes Team. Man kannte sich bereits vor der Beratungstätigkeit für den Kandidaten George W. Bush, weil man schon gemeinsam für seinen Vater, ja zum Teil bereits für Ronald Reagan und gar Richard Nixon und Gerald Ford gearbeitet hatte.[4]

Dieses Team verspricht anfänglich wenig von dem, was später einige als die «Bush-Revolution» bezeichnen. Condoleezza Rice hatte zwar schon im Wahlkampf die Clinton-Administration dafür kritisiert, dass sie sich in ihren Auslandinterventionen allzu sehr verzettle und sich überdies dabei allzu stark auf humanitäre Überlegungen abstütze. Man solle sich mit militärischen Interventionen zurückhalten und diese nur dann unternehmen, wenn es das eigene amerikanische Interesse («national interest») wirklich gebiete. «Nation building», der Auf- oder Umbau krisengeschüttelter Nationen wie etwa in Haiti sei letztlich eine problematische Aufgabe für die USA und nicht zuletzt das amerikanische Militär. Die US-Streitkräfte seien keine zivile Polizeitruppe und kein politischer Schiedsrichter im Ausland, und «ganz sicher nicht dazu geschaffen, um Zivilgesellschaften aufzubauen». Auch Kandidat Bush selbst meint in einer sonntäglichen Polit-Talkshow, dass er im Falle eines «zweiten Ruanda» nicht gewillt wäre, US-Truppen nach Afrika zu schicken. «Wir sollten unsere Truppen nirgendwohin schicken, um ethnische Säuberungen und Genozide zu stoppen, wenn diese Nationen ausserhalb unseres strategischen Interesses liegen. Ich mag weder Genozide noch ethnische Säuberungen, aber der Präsident muss klare Richtlinien vorgeben, wo unsere Truppen sein sollten und wann sie eingesetzt werden.»[5]

Insgesamt scheint sich die neue Administration allerdings fürs Erste in eher konventionellen Bahnen zu bewegen. Mit Ausnahme der Haiti-Intervention würde er, Bush, alle militärischen Einsätze unter Clinton selbst auch gutgeheissen haben, lässt der neue Präsident verlauten. Und auch die vor den Wahlen viel kritisierte China-Politik Clintons sieht unter Bush – trotz einiger sichtbarer Korrekturen – nicht grundsätzlich anders aus. Von Terrorismus und seinen Gefahren für die Sicherheit Amerikas ist zwar schon im Wahlkampf öfters die Rede. Doch man gewinnt den Eindruck, dass bis zum 11. September 2001 auch die Bush-Administration – wie ein Grossteil des Landes – weiterhin primär in Kategorien von Staaten und konventionellen militärischen Missionen im Ausland denkt.

«National missile defense», das scheint bis zum 11. September im Vordergrund zu stehen, wenn der Präsident, Don Rumsfeld oder Condolezza Rice von «homeland defense», dem Schutz der USA, sprechen. Zwar ist die Sache nicht ganz so einfach, wie es Richard Clarke, der zutiefst frustrierte ehemalige Chef der Terrorismusbekämpfung unter Clinton und Bush im April 2004 in einem brillant vermarkteten Bestseller wahrhaben will. Bushs Leute, auch die von Clarke besonders ins Visier genommene Condoleezza Rice, hatten die Terrorismusfrage bereits in den ersten Monaten durchaus ernsthaft diskutiert. Dennoch ist richtig, dass die Bush-Administration, wie auch der Grossteil der Amerikaner und der US-Medien, die Gefahr unmittelbar bevorstehender Terrorattacken unterschätzt.

Der 11. September bringt die Wende. Terrorismusbekämpfung wird nun unter dem Eindruck der blutigen Anschläge in New York und Washington zur Top-Priorität. Die noch kurz zuvor heiss diskutierte «national missile defense» verschwindet über Nacht sang- und klanglos aus der öffentlichen Diskussion. Was dann folgt, ist bekannt und bleibt bis heute hoch umstritten. George W. Bush verknüpft die internationale Terrorbekämpfung mit der Irak-Frage und formt – zusammen mit den Regierungen in London, Madrid, Warschau, Canberra, Rom und zwei Dutzend weiteren Staaten – eine «Koalition der Willigen». Diese ohne Zustimmung des Sicherheitsrates operierende Truppe liquidiert im März/April 2003 das irakische Regime von Präsident Saddam Hussein mühelos, besetzt das Land und steckt ein Jahr später in ganz erheblichen Schwierigkeiten, als es darum geht, den Irak schrittweise in eine demokratische Zukunft zu führen. Anfang April 2004 wird die Situation im Irak selbst von wohlwollenden Beobachtern als «chaotisch» bezeichnet. So überzeugend der militärische Teil der Operation ein Jahr zuvor war, so schwach erweist sich nun die Planung des politischen, gesellschaftlichen und ökonomischen Neuaufbaus des Landes.

Die Hintergründe, die zur Irak-Operation geführt haben, sind im Frühjahr 2004 noch immer nicht restlos geklärt. Fest steht nur, dass einer der Hauptgründe für die Invasion kaum stichhaltig war. Entgegen allen Erwartungen amerikanischer, britischer, aber selbst auch französischer und deutscher Nachrichtendienste waren bis zum Frühjahr 2004 keine der vermuteten Massenvernichtungswaffen aufzufinden. Wie dieses nachrichtendienstliche Debakel zustande kam, bleibt umstritten. Dass die Bush-Administration allerdings verschiedenen äusserst wackligen Informationen vertraute, weil sie den Regimewechsel wohl von allem Anfang an zumindest anstrebte, ist mehr als wahrscheinlich.

Wie der zweite Irak-Feldzug und der anschliessende Versuch, das Zweistromland zu einer Hoffnung für eine freiheitlich-demokratische Ordnung im Mittleren Osten zu machen, dereinst geschichtlich beurteilt wird, lässt sich noch nicht abschliessend sagen. Zwar ziehen Politiker und Leitartikler in aller Welt bereits nach wenigen Monaten positive oder – zumeist – negative Bilanz der Operation «Iraqi Freedom». Doch auch in diesem Falle wird das Schlusskapitel dereinst von der Geschichte selbst geschrieben werden.

Viele Europäer, falls sie das ganze Unternehmen nicht von Vorneherein als zynisches Machtspiel im Kampf um

Erdölreserven und strategische Brückenköpfe sehen, schütteln über das amerikanische «Irak-Abenteuer» den Kopf. Bushs und Blairs Philosophie, es gelte im zutiefst undemokratischen Mittleren Osten ein bewusstes Zeichen für die Öffnung einer verkrusteten und autoritären Gesellschaft zu setzen, wird als «typisch amerikanisch», das heisst grenzenlos naiv belächelt. Aber auch hierüber steht ein Urteil der Geschichte aus.

Wer im Frühjahr 2004 mit Studenten aus dem Mittleren Osten, aber selbst auch mit arabischen Diplomaten in Washington spricht, hört allerdings manchmal erstaunliche Dinge. «Unsere Welt von Casablanca bis zum Persischen Golf ist durch die Intervention im Irak schwer erschüttert worden», meint ein Bekannter, der sein arabisches Land seit Jahren als Botschafter in Washington vertritt. Und in seltener Offenheit fügt er – als seine private Meinung – hinzu: «Zwar demonstrieren Zehntausende in unseren Hauptstädten gegen die Irak-Invasion und die Amerikaner. Doch paradoxerweise verlangen jetzt viele immer lauter mit Berufung auf sie gebieterisch politische und gesellschaftliche Reformen.» Er hält es für «nicht unmöglich», dass die amerikanisch-britische Intervention langfristig die Gesellschaften des Mittleren Ostens revolutionieren könnte.

Der zweite Irak-Krieg von 2003 und die Art und Weise, wie in der Folge der Neuaufbau des Landes gehandhabt wird, zeigt eindrücklich die Möglichkeiten, aber auch die Grenzen des amerikanischen Empire im 21. Jahrhundert. Der irakische Feldzug bleibt trotz aller multilateraler Drapierung letztlich ein unilaterales Unternehmen. Selbst die tatkräftige Unterstützung durch Tony Blair und einige andere Politiker in Europa und anderswo machen Bushs «coalition of the willing» nicht zu einem echt multilateralen Unternehmen. Es war die Bush-Administration, die Saddam Husseins blutiges Regime beseitigen wollte. Sie war die treibende Kraft hinter der Aktion und suchte sich konsequent Ad-hoc-Bündnispartner in aller Welt. Aber es bestehen wenig Zweifel, dass sie den Feldzug auch dann gestartet hätte, wenn Australien, Spanien, Polen oder die Ukraine keine Truppen in den Mittleren Osten geschickt hätten. Das hätte zwar die Ausgangslage psychologisch noch schwieriger und heikler gemacht als sie es an sich schon war. Aber rein militärisch-logistisch hätte Saddam Hussein auch von den USA allein aus dem Sattel gehoben werden können.

Diese Tatsache bewegt George W. Bush wohl dazu, das Unternehmen mit aller Konsequenz und gegen alle Widerstände durchzuziehen. Er ist überzeugt, dass auch seine Gegenspieler in Paris, Berlin und Moskau wissen, dass er notfalls die Operation auch allein durchführen kann. Das, so glaubt er, gebe ihm «leverage», diplomatische Hebelkraft, genug, um sie schliesslich zum Mitmachen zu bewegen. Doch gerade das gelingt nicht. Paris, Berlin und Moskau verweigern sich. Sie arbeiten innerhalb und ausserhalb des Weltsicherheitsrats sogar aktiv und koordiniert gegen den amerikanischen Plan.

Es ist viel darüber gerätselt worden, ob die Bush-Administration bei einem diplomatisch geschickteren Vorgehen den Sicherheitsrat auf ihre Seite hätte ziehen können. In der Tat zerschlagen Bush und einige seiner Leute bereits seit ihrem Amtsantritt mit einer geradezu unheimlichen Präzision diplomatisches Geschirr gleich haufenweise.

Beim Kyoto-Protokoll oder dem Internationalen Strafgerichtshof geht es zwar um inhaltliche Meinungsverschiedenheiten. Aber es ist die Art und Weise, wie diese von den Amerikanern kommuniziert werden, die das Fass selbst bei traditionellen Freunden zum Überlaufen bringt. Verteidigungsminister Donald Rumsfeld scheint es im Vorfeld des Irak-Krieges ausserordentlich zu geniessen, an seinen vielen Pressekonferenzen die Europäer mit sarkastischen Bemerkung immer wieder von neuem zur Weissglut zu bringen. José Maria Aznar, der damalige spanische Ministerpräsident, meint an einem Nachtessen in New York im Herbst 2003 leicht verzweifelt: «Was wir auf amerikanischer Seite brauchen, sind weniger Rumsfelds und mehr Powells.» Und er gesteht dabei offen, er habe dies auch dem amerikanischen Präsidenten selbst mitgeteilt.

Als die Situation im Nachkriegs-Irak schwieriger und die Hilfe der «world community» wichtiger wird, ändert sich die Tonlage hörbar. Die Administration versucht seit Herbst 2003 offensichtlich, zu kitten was zu kitten ist. Dennoch bleibt sie in ihrem Innersten das, was sie – in ihrer Mehrheit – wohl von Anfang an gewesen war: «instinktiv unilateralistisch».

Das Problem des George W. Bush mit der Welt (und der Welt mit George W. Bush) besteht nicht darin, dass der 43. Präsident der USA unilateralistisch denkt und handelt. Das haben – wenn es darauf ankam – auch viele seiner Vorgänger getan. Nicht einmal die Tatsache, dass Bush stärker oder öfter als seine Vorgänger unilateral agiert, vermag das Problem vollumfänglich zu erklären. Der zunehmende Unilateralismus der Vereinigten Staaten in den letzten Jahren hat, wie wir gesehen haben, in erster Linie mit der fundamental veränderten Rolle der Weltmacht USA nach dem Zusammenbruch des bipolaren Systems zu tun. Das amerikanische Imperium wird nun plötzlich für alles und jedes in der Welt eingebunden und auch verantwortlich gemacht. Ob es im konkreten Fall interveniert oder sich bewusst aus einem Konflikt heraushält, die Kritik an seinem Vorgehen (oder Nicht-Vorgehen) ist ihm gewiss. Das ist die Logik der neuen Weltordnung. Und es ist auch das grosse Dilemma der Weltmacht, die diese Ordnung sichert.

Die USA sind spätestens seit 1990 ein Hegemon geworden. Hegemone werden gefürchtet oder notfalls respektiert, gelegentlich sogar bewundert. Geliebt werden sie nicht. Und die Gefahr der «Hybris», des Hochmuts, stellt sich für Hegemonialmächte – wie die Geschichte lehrt – fast zwangsläufig ein. Kein Zweifel, viele Europäerinnen und Europäer, wohl die Mehrheit unter ihnen, empfinden das Amerika des frühen 21. Jahrhunderts als arrogant und letztlich rücksichtslos. Die europäischen Reaktionen auf Bushs (Fast-)Sololauf in Irak und die Schwierigkeiten, die er sich dort einhandelte, verraten eine gehörige Portion von Bitterkeit, Resignation, aber auch Schadenfreude. Mit dem werden die USA für absehbare Zeit leben müssen.

Allerdings, auch diese Medaille hat ihre Kehrseite. Der europäische Ruf in der Irak-Krise nach «echtem Multilateralismus» ist historisch wenig konsequent und deshalb auch nicht sehr überzeugend. Das beginnt schon am höchst inflationären Gebrauch von Wörtern wie «international community», «Völkergemeinschaft» oder gar «Völkerfamilie». Solche Begriffe kommen europäischen Politikern und Leitartiklern äusserst leicht über die Lippen. «Die Völkergemeinschaft sollte verlangen, dass ...», «Die Völkergemeinschaft müsste handeln, damit ...» solcherlei Satzanfänge finden sich täglich in buchstäblich Hunderten von Kommentaren und Analysen, ohne dass dabei hinreichend klar wird, wer diese «Völkergemeinschaft» denn wirklich ist oder was sie wirklich will. Der abstrakte Begriff vernebelt mehr als er erhellt. Und nur allzu oft wird er dann verwendet, wenn es darum geht, die «Welt» und ihre Anliegen gegenüber den USA abzugrenzen.

Doch diese «international community» als geschlossen agierende Grösse gibt es in den wenigsten Fällen. Und selbst dort, wo sie anscheinend geeint und mit festem Willenauftritt, sind die Motive, Absichten und Ziele dieses bunten Haufens in der Regel höchst verschieden und unter einander kontrovers. Man ist sich im Einzelfall zwar einig, dass man dem mächtigen Amerika die Stirn bieten müsste. Aber was dann diese «Völkergemeinschaft» als Alternative anzubieten hat, ist in den meisten Fällen unklar, da man sich nicht auf eine einheitliche Linie einigen kann. Doch der Begriff der «international community» geistert weiter durch Zeitungskommentare und Regierungserklärungen in aller Welt. Selbst Präsident Bush benutzt ihn, wenn er ihm zweckdienlich erscheint. Die Londoner «Financial Times» ist eine der wenigen Zeitungen, die ihren redaktionellen Leitartiklern den Gebrauch dieses Allerweltsbegriffs ausdrücklich untersagen.[6]

Der französische Aussenminister Dominique de Villepain benutzt im Vorfeld des Irak-Kriegs das Wort besonders häufig. Wenn er von «communauté internationale» spricht, glaubt er, nicht nur im Sinn und Auftrag Europas, sondern der ganzen Welt zu sprechen. Es müsse multilateral gehandelt werden, betont er noch und noch, und der Ort, dies zu beschliessen, seien die Vereinten Nationen. Vor dem Sicherheitsrat meint er: «Die Vereinten Nationen sind es, die internationale Regeln und Legitimität (légitimité) begründen, weil sie im Namen der Völker sprechen.»[7] Die UNO als Ausdruck und Sprachrohr der «handelnden Völkergemeinschaft», das ist de Villepains Kredo. Es ist ein Konzept, das er in Interviews und Reden auch nach dem Irak-Krieg immer wieder bekräftigen wird.

Der damalige französische Aussenminister spricht hier unzweifelhaft für eine Mehrheit der europäischen Öffentlichkeit. Eine andere Frage ist allerdings, inwieweit seine Rhetorik mit der Realität der letzten 60 Jahre übereinstimmt.

Nur vier Jahre vor dem zweiten Irak-Krieg sind es die gleichen Europäer, die – zusammen mit USA – in Kosovo militärisch intervenieren, weil sie dort eine humanitäre Katastrophe befürchten und fundamentale Menschenrechte verletzt sehen. Eine Legitimierung dieses Vorgehens durch den Sicherheitsrat ist allerdings nicht erhältlich, weil sich insbesondere Russland gegen eine solche wehrt und sie mit einem Veto zu blockieren droht. Trotzdem finden die Europäer 1999, dass eine solche «unter den gegebenen Umständen» nicht nötig sei. Nachträglich versucht man damals in Europa beinahe fieberhaft, diese offenkundige Verletzung der UNO-

Charta zu legitimieren. Mit nicht sehr überzeugenden Gründen. Europa habe damals «im Namen der Völker» gesprochen und gehandelt, wurde etwa argumentiert. Doch 1999 waren nicht nur Russland und China, sondern auch eine deutliche Mehrheit der arabischen, afrikanischen und asiatischen Staaten offen gegen die Intervention. Sie befürchteten – wohl nicht zu Unrecht – dass mit den gleichen westlichen Moralansprüchen und humanitären Begründungen auch Interventionen in der Dritten Welt möglich würden. Moralisch mag die Kosovo-Intervention in den Augen Europas (und der USA) zu rechtfertigen sein. Doch im Lichte der UNO-Charta war sie es damals eindeutig nicht. Man hat nachträglich versucht, mit dem Begriff eines «sich weiter entwickelnden Völkerrechts» zu operieren. Das Völkerrecht müsse das «Gewohnheitsrecht» akzeptieren, im Falle von unmittterbar bevorstehenden Katastrophen eine Ausnahme von der strikten völkerrechtlichen Regel der Nichteinmischung zu gestatten. Aber wie Robert Kagan und mit ihm andere zu Recht feststellen, ist das letztlich ein «Triumph der Moral über das Recht» Wer bestimmt in solchen Fällen, wann diese Ausnahme zu machen ist? Im Falle von Kosovo 1999 waren es in erster Linie die Europäer selbst.

Doch schon vorher ist die Geschichte der UNO voll von «unbewilligten» Interventionen. Bill Clinton interveniert 1994 bewusst ohne Sicherheitsratsbeschluss in Haiti. Erst nachträglich wird das Fait accompli von der UNO sanktioniert. Ende 1998 bombardiert er Saddam Husseins Irak in der Operation «Desert Fox», wiederum ohne die Zustimmung des Sicherheitsrats, ja gegen die klare Opposition Frankreichs und Russlands. Selbst das immer wieder zitierte Beispiel einer multilateralen Aktion der USA, der Golfkrieg von 1991, erweist sich bei näherem Hinsehen als fragwürdig.

Zwar ermächtigt der Sicherheitsrat kurz vor Ausbruch der Kampfhandlungen ein amerikanisch geführtes Vorgehen gegen Saddam Hussein. Doch tut der Rat dies erst, nachdem George H.W. Bush rund 500000 Soldaten im Golf aufmarschieren lässt. Kein Mensch glaubt damals im Ernst, dass der US-Präsident diese wieder abgezogen hätte, falls der Sicherheitsrat seine «Einwilligung» verweigert hätte. Der Sowjetunion, die damals mit dem Gedanken eines Vetos spielt, bleibt nichts anderes übrig, als das Unvermeidliche zu akzeptieren.

Im Frühjahr 2004 mehren sich inner- und ausserhalb der Vereinigten Staaten die Stimmen, welche die USA zu einer «Rückkehr zum Multilateralismus» auffordern. Die offensichtlichen Schwierigkeiten, die sich das Land mit der Besetzung Iraks eingehandelt hat, lassen eine solche Entwicklung auf den ersten Blick vermuten. In den USA selbst wird – sogar bis weit in republikanische Kreise hinein – die Notwendigkeit eingesehen, wenn immer möglich multilateral zu operieren. Und die Rhetorik einiger besonders selbstbewusster Neokonservativer im Vorfeld des Irak-Kriegs ist inzwischen hörbar leiser geworden.

Seit Januar 2001 praktizieren die USA eine Aussenpolitik, die bewusst unilaterale Akzente setzt. George W. Bush betont bewusst – bewusster als etwa sein Vorgänger – die militärische, machtpolitische Stärke Amerikas. Diese Demonstration der Stärke und Entschlossenheit macht grundsätzlich durchaus Sinn (auch wenn viele Europäer sie beinahe reflexartig an sich schon für fragwürdig, ja gefährlich halten). Doch ein Überdrehen des Unilateralismus kann die Weltmacht USA in der Tat ins Schleudern bringen. Die Vor- und Nachgeschichte des zweiten Irak-Kriegs hat dies beinahe lehrbuchmässig vorgeführt. Was die Bush-Administration als entschlossene Leadership verstanden wissen wollte, wurde – und wird – in der Welt weiterum als Arroganz empfunden. Zwar leben die Amerikaner mit dem Vorwurf der Arroganz seit vielen Jahrzehnten. Doch diesmal war diese Empfindung so stark, dass neben der eilig zusammengetrommelten «coalition of the willing» plötzlich eine viel grössere «coalition of the unwilling» auftauchte. Das ist ein klares Alarmzeichen. Es ist – wie ein führender Kopf im Staatsdepartement in einem Hintergrundgespräch meint – «verstanden» worden, «wenn auch sehr spät und widerwillig».

Die USA werden militärisch-machtpolitisch vermutlich auf einige Jahrzehnte hinaus ihre Führungsrolle behalten. Ihre «soft power» wird – trotz des immer wieder aufflackernden Antiamerikanismus – weiterhin attraktiv bleiben. Aber wirtschaftlich ist dieses Land mit der Welt eng verknüpft und nur einer der «key players». Verknüpfungen führen zwangsläufig zu – gegenseitigen – Abhängigkeiten. In diesem Sinne *braucht* Amerika die Welt und «kann es allein eben nicht schaffen».

Auch wenn es einige Neo-Konservative in Washington anders sehen, das unzweifelhaft vorhandene «unipolar moment» seit 1990 zwingt die USA paradoxerweise geradezu, so oft wie möglich «multilateral» zu operieren. Es geht, wie Henry Kissinger, der Altmeister der Realpolitik, richtigerweise bemerkt hat, letztlich darum, ob es Amerika gelingt, für seine gegenwärtige Vormachtstellung zumindest grundsätzlich einen internationalen Konsens zu finden und seine eigenen Prinzipien zu international breit akzeptierten Normen zu machen.[8] Das waren die historischen Leistungen sowohl des römischen wie des britischen Weltreichs. Doch das bedeutet für die amerikanische Seite, nicht nur Entschlossenheit und Leadership zu zeigen, sondern auch Flexibilität und Verständnis für die Komplexität weltgeschichtlicher Entwicklungen. Dies ist keine leichte Aufgabe für eine Weltmacht, die vor 200 Jahren selbst noch eine rurale Gesellschaft am Rande der damaligen Welt war und sich gerade eben vom britischen Kolonialreich frei gekämpft hatte.

Wer allerdings eine grundsätzliche Rückkehr Amerikas zum Multilateralismus erwartet oder fordert, gibt sich Illusionen hin. Eine mögliche demokratische Administration nach den Präsidentschaftswahlen im November 2004 mag einen bewusst multilateralistischen Stil pflegen. Und selbst im Falle einer zweiten Amtszeit von George W. Bush sind konziliantere Töne aus Washington wahrscheinlich. Doch so oder so geht es zunächst und in erster Linie um längst fällige stilistische und psychologische Korrekturen.

Ein fundamentaler Paradigmenwechsel in Richtung auf einen grundsätzlichen und konsequenten Multilateralismus ist das nicht. Den hat es so in Wirklichkeit nie gegeben, schon gar nicht seit dem Ende des Kalten Kriegs. Deshalb wird auch in Zukunft die amerikanische Lösung heissen: «Multilateral wenn möglich, unilateral wenn nötig». Vor dem Dilemma, welchen Weg sie wann und wo zu gehen hat, wird die einsame Supermacht USA in der Zukunft wohl mehr denn je stehen.

Amerika tickt anders

Auf den ersten Blick sieht beinahe alles gleich aus. Oder zumindest nicht allzu verschieden. Europäische Reisende in den USA fühlen sich in New York, Chicago oder San Francisco schnell und leicht zurecht. Zweifellos schneller und leichter als etwa in Kairo, Karachi oder Peking. Das hat nicht nur mit der Sprache zu tun. Auch die Leute reagieren in New York, Chicago oder San Francisco «gleich» oder zumindest «fast gleich» wie zu Hause. Die USA sind Teil des Westens. Und der Westen, das was man früher «Abendland» genannt hat, ist – kulturell gesehen – schliesslich in erster Linie eben doch Europa. So jedenfalls sieht man das in der Alten Welt.

Gelegentlich fallen dem europäischen Besucher in den USA zwar kleine Unterschiede auf. Manche lassen sich durchaus auf der positiven Seite verbuchen. So etwa, wenn die Leute auf der Strasse oder in Geschäften trotz aller Betriebsamkeit doch leicht mit dem Fremden ins Gespräch kommen oder zumindest ein nettes Wort, ein Kompliment für den Gast aus Übersee übrig haben («I like your tie», «You look great today»). Anderes wiederum kann den Gast aus der Alten Welt leicht irritieren. Selbst standfeste europäische Nichtraucher, ob Franzosen, Deutsche, Österreicher oder Schweizer, sind über die oft schroffe und kategorische Art befremdet, mit der Raucher in den USA ostentativ ausgegrenzt werden.

Europäische Gäste, die länger in den USA bleiben, vielleicht sogar einen Studienaufenthalt oder ein Praktikum absolvieren, werden sich schon nach einigen Wochen bewusst, dass zwar manches gleich oder fast gleich wie in Europa ist, aber eben vieles doch leicht «anders» als zu Hause. Die spontane Freundlichkeit der Amerikaner wird plötzlich hinterfragt. Und staunend stellt man fest, dass ihre «friendliness» nicht unbedingt «friendship» meint. Und auf einmal geht dem Fremden die Leichtigkeit der spontanen Kontaktaufnahme auf die Nerven. Was er oder sie zumindest als wohltuend spontan und unkompliziert erlebt hat, wird nun zusehends zum Ausdruck der amerikanischen «Oberflächlichkeit», die keine «tiefen Bindungen» zuzulassen scheint. Gespräche mit Europäern, die für längere Zeit in den USA gelebt haben, zeigen, dass man sich der kleinen Unterschiede zwischen Alter und Neuer Welt je länger je mehr bewusst wird.

Umgekehrt spielt sich Ähnliches ab. Ich habe es mir zur Gewohnheit gemacht, mit meinen amerikanischen Studentinnen und Studenten ausführlich zu reden, wenn sie von ihren Europa-Semestern in Spanien, Frankreich oder Deutschland zurückkommen. Sie sind in aller Regel begeistert und empfinden den Aufenthalt in Europa als grosse persönliche Bereicherung. Sie schwärmen von europäischer Kultur, der Tradition, der guten Küche. Doch wenn man nachstösst, kommt es zum Vorschein: das Bewusstsein, dass Europa irgendwie eben doch «anders» ist. Anders und nicht immer einfach besser. Und plötzlich stelle ich fest, dass meine Studenten in Europa nicht nur Europa besucht haben, sondern letztlich in Europa auch Amerika selbst. Sehr oft haben sie in Europa sogar Amerika wieder entdeckt.

So ist es vielen Europafahrern gegangen, prominenten wie weniger prominenten. In der Zwischenkriegszeit und auch nach dem Zweiten Weltkrieg sind Scharen von amerikanischen Künstlern, Schriftstellern und Intellektuellen nach Paris, London oder Rom gepilgert. Manche wollten von der «Kulturlosigkeit» der Heimat Abschied nehmen. Wenigen ist es gelungen. Die meisten haben in der Alten Welt letztlich die Neue, ihre eigene wieder entdeckt.

Bei der Schriftstellerin Mary McCarthy lässt sich das beinahe exemplarisch verfolgen. Ihre berühmten Monografien über Florenz und Venedig waren in den 50er-Jahren nicht nur in den USA, sondern auch in Europa und vor allem auf dem deutschen Buchmarkt höchst erfolgreich.[1] Auf den ersten Blick waren es gescheite feuilletonistische Beobachtungen und Annäherungen an die glorreiche Vergangenheit der Weltstadt Venedig und die grossartige und zugleich grausame Renaissance-Welt der Florentiner. Ich selbst habe die beiden Bücher in den 60er-Jahren als Student auf Deutsch gelesen und mich schon damals über die erstaunliche Sachkunde und Belesenheit der eigenwilligen Autorin gewundert. Als (sehr) selbstbewusster Europäer traute ich einer Amerikanerin diese Kompetenz nicht ohne weiteres zu.

Ich habe McCarthys Bücher damals als das gelesen, als was sie dem europäischen Leser vorgestellt wurden: als brillante Reisebücher über Kultur und Geschichte zweier faszinierender europäischer Städte. Das waren sie zweifellos. Sie waren aber gleichzeitig mehr. Bei einer erneuten Lektüre mehr als dreissig Jahre später las ich sie plötzlich auch als Reflexion einer amerikanischen Autorin über die Mentalität und politisch-kulturelle Entwick-

lung ihrer eigenen Heimat. Wenn sie über den florentinischen Prediger und religiösen Fanatiker Savonarola
schreibt, meint sie letztlich auch den Fanatismus ihres –
mit ihr nicht verwandten – Zeitgenossen Senator Joseph
McCarthy, der die USA in den Fünfzigerjahren mit einer
wilden Hetzjagd auf Kommunisten, angebliche Kommunisten, Liberale und Intellektuelle überzogen hatte. Aber
auch im nüchternen und sehr erfolgreichen Geschäftssinn
der Florentiner der Renaissance beschreibt Mary McCarthy indirekt ein gutes Stück amerikanischer Eigenheiten
und Traditionen. Im florentinischen Zug zum Puritanis-
mus erkennt sie den Hang zur Sittenstrenge, der in vielen
Ecken der USA und ihrer Gesellschaft bis auf den heutigen Tag äusserst lebendig geblieben ist. Auch im Venedig-
Buch spiegeln sich bei vertiefter Lektüre gewisse inneramerikanische Phänomene wider, selbst wenn hier die
Analogien im Rückblick weit weniger überzeugend ausfallen.

Europäer, die für längere Zeit in die USA kommen,
verhalten sich im Grunde ähnlich wie Mary McCarthy. Sie
beobachten das Land und seine Gesellschaft, und sie vergleichen es – bewusst oder unbewusst – mit der eigenen
Welt zu Hause. Und nicht selten beurteilen sie dabei die
eigenen Werte und Traditionen wieder neu und können
ihnen möglicherweise auch wieder vermehrt positive Seiten abgewinnen.

Die viel beklagte Kleinräumigkeit und Enge Europas
wird nun plötzlich wieder als Wärme oder als Chance zur
gesellschaftlichen Einbettung empfunden. Die Macht der
Tradition und Geschichte in der Alten Welt erscheint auf

einmal als Bereicherung und nicht mehr in erster Linie als Last und Bürde.

Vor allem aber wird man sich bewusst, dass die USA – trotz aller Ähnlichkeiten mit Europa – eben doch mehr sind als nur die Fortschreibung europäischer Geschichte, Tradition und Wertvorstellungen. Der amerikanische Freiheitsbegriff ist tatsächlich individualistischer angelegt als in allen kontinental-europäischen Gesellschaften. Religion und praktizierte Religiosität spielen in den USA in der Tat eine weit grössere Rolle als in Europa, das sich in den meisten Ländern im Verlaufe des 20. Jahrhunderts in atemberaubendem Tempo säkularisiert hat. Und die USA weisen eine für Europa unvorstellbare Mischung von gesellschaftlichem Konservatismus und Bereitschaft zur radikalen Innovation auf. Trotz ihrer zutiefst konservativen Züge zeigt die amerikanische Gesellschaft traditionell einen hohen Grad von sozialer Flexibilität. US-Amerikaner sind – im Vergleich mit Europa – äusserst mobil. Das Land ist nicht nur eine Immigrationsgesellschaft, es ist auch eine Migrationsgesellschaft im Innern. Auch wenn es sie gibt, die Leute in New York, Milwaukee oder San Francisco, die in ihrer Heimatstadt bereits in der dritten, vierten oder fünften Generation leben und arbeiten, die Regel sind sie nicht. Das Land und seine Bewohner sind in ständiger Bewegung. Statistisch gesehen zieht jeder US-Amerikaner alle fünf Jahre einmal um. Und in der Regel geht die Reise nicht einfach von Manhattan nach Brooklyn oder von San Francisco ins benachbarte Oakland. Sehr oft packt man in New York seine Siebensachen und zieht nach Arizona oder verlässt Kalifornien für einen Job in Florida.

Dass diese amerikanische Migrationsgesellschaft gleichzeitig auch ein Magnet für Einwandererströme aus aller Welt ist, unterscheidet sie ebenfalls von Europa. Dies nicht etwa, weil Europa kein Einwanderungskontinent wäre. Im Gegenteil. Auch Europa sieht sich in den letzten Jahrzehnten einem gewaltigen Einwanderungsdruck ausgesetzt. Doch Europa betrachtet sich – im Gegensatz zu den USA – nicht als Kontinent für Einwanderer. Es gibt sie zwar, die legale Einwanderung in europäische Staaten. Sie ist aber in den meisten Ländern, gerade wegen ihrer kulturell-ethnischen Implikationen, massiv eingeschränkt. In manchen Staaten wird sie gar gesetzlich mehr oder weniger verhindert. Einwanderung, vor allem wenn sie aus nicht-«abendländischen» Kultur- und Gesellschaftsräumen kommt, wird in Europa als Bedrohung empfunden, als Infragestellung der europäischen und nationalen Identität.

In den USA hingegen hat Einwanderung Tradition. Sie ist zwar nicht unbestritten. Seit Jahrzehnten, ja schon seit dem 19. Jahrhundert, wird über die ständig steigende Masse von illegalen Einwanderern geklagt und öffentlich diskutiert. Auch gibt es eine lautstarke Minderheit, die seit vielen Jahren eine drastische Drosselung auch der legalen Einwanderung fordert. Auffallend ist aber, dass dieser Ruf nach einem «amerikanischen» Amerika in der Geschichte des Landes niemals eine ernsthafte Chance hatte, mehrheitsfähig zu werden. Das Land und seine Gesellschaft sehen sich stolz als «land of opportunity», als eine Chance für (theoretisch) alle, hier ihr Glück zu finden. Seit Mitte der Sechzigerjahre sind die einst klar ethnisch definierten Einschränkungen und Länderkontingente aus der Einwanderungspolitik des Landes verschwunden. Die starke Einwanderung aus Asien und Lateinamerika verändert das Gesicht des Landes spür- und sichtbar. Das Land ist (noch) multikultureller geworden. Dass die hispanische, vor allem mexikanische Einwanderung für viele Amerikaner zu einem Problem geworden ist, lässt sich schwer leugnen. Ihre Massivität und auch regionale Konzentration im Süden und Westen des Landes machen viele skeptisch. Kann das Land diesen immer weiter anschwellenden Einwanderungsstrom überhaupt noch assimilieren? Das Thema ist Gegenstand des nächsten Kapitels.

Trotz allem wird am Konzept der «Einwanderungsgesellschaft» festgehalten. Das Land, das am Ende des Zweiten Weltkriegs etwas mehr als 140 Millionen Einwohner aufwies, zählt heute, kaum sechzig Jahre später, deren 290 Millionen. Dieses atemberaubende Wachstum dürfte sich gemäss demografischen Prognosen in den nächsten Jahrzehnten noch beschleunigen. Dennoch kommt es in den USA zu keiner nennenswerten nachhaltigen «Überfremdungsangst» wie in Europa. Warum?

Man hat in Europa immer wieder versucht, das Phänomen mit demografischen und siedlungspolitischen Argumenten zu erklären. Die USA seien – im Gegensatz zu Europa – «halb leer» und vertrügen deshalb den Zuzug von Einwanderern viel leichter. Zwar haben die USA tatsächlich grössere Landreserven als die meisten europäischen Länder. Doch die Bevölkerungszahlen wachsen in den USA weit rascher und überdies vor allem in den bereits dicht besiedelten Ballungszentren des Landes.

Trotzdem kommt es auch dort nur selten zu Manifestationen und offenen Ausbrüchen gegen Einwanderer wie in manchen europäischen Gesellschaften. Überdies zeigt die demografische Entwicklung in Europa in den meisten Ländern einen klaren Abwärtstrend an. Eine immer stärker überalterte Gesellschaft schrumpft, und der Zuzug – meist jüngerer – Einwanderer wäre aus rein demografischen und arbeitsmarktpolitischen Gründen an sich grundsätzlich erwünscht. Dennoch sträubt sich Europa immer noch, sich als Einwanderungsraum zu verstehen. Das demografische Argument reicht also kaum aus, um den fundamentalen Unterschied zwischen Europa und den USA in der Immigrationsfrage zu erklären.

Wo liegt also das zentrale Problem? Man kann es so formulieren: Amerika tickt anders, auch in dieser Frage. Amerikaner und ihre Gesellschaft bilden eine Nation, die sich in ihrem Selbstverständnis fundamental von der Idee des klassischen europäischen Nationalstaates unterscheidet. Wer Franzose oder Französin ist, definiert sich immer noch weitgehend über die Sprache, eine gemeinsame jahrhundertelange Geschichte und Kultur. Dies auch im Zeitalter der Europäischen Union. Man ist zwar Europäer, doch in erster Linie bleibt man letztlich dennoch Franzose. Das Gleiche lässt sich im Grossen und Ganzen auch über Italiener, Griechen oder selbst Deutsche sagen. In der Schweiz mag das Thema auf den ersten Blick verwirrend erscheinen. Die Schweiz ist kein Nationalstaat im üblichen Sinne, der auf der Einheit von Sprache, Kultur und Volk aufbaut. Aber auch hier spielen letztlich die gleichen Mechanismen. In der jeweiligen Sprachregion wird vom Zuzüger – selbst von Schweizern aus anderen

Sprachregionen – eine mentale, sprachliche und kulturelle Assimilation erwartet. Andernfalls hat er oder sie keine Chance, akzeptiert zu werden. Das ist üblicherweise ein ziemlich schwieriger Prozess, der selbst bei voll und ganz Assimilationswilligen nicht immer greift. Nicht wenige Fremde in der Schweiz und anderswo in Europa bleiben eben Fremde, selbst nach der Einbürgerung. Zwar gibt es erhebliche Unterschiede in der Art und Weise, wie etwa Deutschland, Frankreich oder Grossbritannien den Integrationsprozess der Einwanderer zu bewältigen versuchen. Doch ihnen allen ist gemeinsam, dass ihre Gesellschaften auffallend grosse Probleme mit dem Phänomen der Einwanderung haben. Europa ist zum Einwanderungskontinent geworden, will das aber letztlich nicht wahr haben.

Ganz anders die USA. Auch sie haben mit grossen gesellschaftlichen Spannungen zu kämpfen und die Rassismusfrage etwa ist trotz erheblicher Fortschritte alles andere als gelöst. Doch in Bezug auf die Einwanderung könnten die Unterschiede nicht grösser sein. Amerika akzeptiert die Immigration, weil das Staats- und Gesellschaftsverständnis der Amerikaner grundlegend anders ist als das der Europäer.

Die USA sind also keine Nation, die auf der Idee der Einheit von Sprache, Kultur und Volk aufgebaut ist. Zwar ist (amerikanisches) Englisch die Umgangssprache des Landes. Doch zur offiziellen Sprache auf nationaler Ebene hat es das Englisch – trotz vieler politischer Anläufe – bezeichnenderweise nie gebracht. Amerika war auch immer stolz darauf, verschiedenartige kulturelle Einflüsse aus aller Welt aufzunehmen und zu verarbeiten. Und schliesslich ist auch das amerikanische Volk («the American people») nicht mit dem «deutschen Volk» oder den «Italienern» oder «Engländern» vergleichbar. Was sich im späten 18. Jahrhundert noch einigermassen homogen als angelsächsisch und – etwas weniger stark – deutsch präsentierte, ist inzwischen eine komplexe, ethnisch facettenreiche multikulturelle Gesellschaft geworden.

Als Amerikaner akzeptiert werden alle Einwanderer, die nach fünf Jahren im Land Amerikaner werden *wollen*. Es geht zwar nicht ohne eine kleine Prüfung über die elementaren Fakten der USA-Geschichte und den Basiswortschatz und die Grundregeln der englischen Sprache ab. Doch der Wille, Amerikaner zu werden, ist letztlich entscheidend, nicht Hautfarbe, Religion oder kultureller Background. Seymour Martin Lipset, amerikanischer Politikwissenschaftler und Theoretiker des «American exceptionalism», meint zu Recht, dass die Einbürgerung in den USA letztlich ein religiöser oder ideologischer Akt sei.[2] Schon Abraham Lincoln hatte ja von der «political religion» des Landes gesprochen. In Europa hingegen ist man Bürger zunächst durch Teilhabe an einer gemeinsamen Sprache, Geschichte und Kultur. Im Idealfall wird man in diese Situation hineingeboren. Im Ausnahmefall kann man das als aussenstehender, aber integrationswilliger Fremder auch werden. Aber selbst dann braucht es Zeit und viel Geduld, um wirklich gesellschaftlich als vollwertiger Teil der neuen Heimat und ihrer Gesellschaft akzeptiert zu werden.

Wer durch Einbürgerung Amerikaner geworden ist, hat es zwar nicht automatisch besser oder leichter im Leben. Aber er oder sie ist grundsätzlich als Amerikaner akzeptiert. Niemand riskiert kritische oder gar verächtliche Blicke, wenn er mit einem hörbaren französischen, deutschen, spanischen, chinesischen oder indischen Akzent Englisch spricht. In vielen Grossstädten und Ballungszentren redet die Mehrheit der Bevölkerung mit einem dieser oder unzähliger anderer Akzente.

Das Land ist gegenüber Immigranten bemerkenswert offen. Kein Wunder, dass es bei dieser Offenheit viele von ihnen in kurzer Zeit schaffen, selbst in der Politik in höhere und höchste Ämter aufzusteigen. Mit Ausnahme der Präsidentschaft, können sie alle wichtigen Posten des Landes besetzen.

So haben es in den letzten Jahrzehnten gleich zwei Immigranten geschafft, Staatssekretär, also Aussenminister der USA zu werden. 1973 wurde es Henry Kissinger, der in den Dreissigerjahren als deutsch-jüdischer Immigrant mit seinen Eltern vor der Naziverfolgung in die USA flüchtete. 1996 schaffte es Madeleine Albright, die 1948 als Elfjährige mit ihrer Familie nach dem kommunistischen Umsturz in der Tschechoslowakei nach Amerika kam. Übrigens: George W. Bushs Aussenminister, Colin Powell, wurde 1937 in der New Yorker Bronx als Sohn eines jungen Immigrantenpaares geboren, das kurz zuvor aus Jamaika eingewandert war. Auch unter anderen Kabinettsmitgliedern, Generälen und Botschaftern findet sich immer wieder eine bemerkenswerte Anzahl von Einwanderern aus aller Welt. Der Aufstieg des Österreichers Arnold Schwarzenegger zum Gouverneur des Staates Kalifornien im Herbst 2003 ist nur das letzte Beispiel in dieser langen Reihe.

Eine derartige Offenheit gegenüber Immigranten ist in den meisten europäischen Ländern unvorstellbar. Das Phänomen hat letztlich mit der Tatsache zu tun, dass die USA ihre Staats- und Gesellschaftsidee, ihre «raison d'être», ideologisch begründen und nicht – oder nur wenig – auf Geschichte, gemeinsame Sprache oder einheitliche kulturelle Tradition abstützen. Der amerikanische Historiker Richard Hofstadter hat einmal bemerkt: «Es ist unser Schicksal, dass wir als Nation keine Ideologie *haben*, sondern eine *sind*.»[3]

Was diese amerikanische Ideologie ausmacht, ist allerdings nicht eben leicht zu umschreiben. Im folgenden Kapitel wird es dennoch versucht. An dieser Stelle nur so viel: Freiheit,» Individualismus, die Gleichheit der Chancen (aber nicht der Resultate) sind – verbunden mit einem höchst moralistischen Sendungsbewusstsein auf der progressiven wie konservativen Seite – Grundpfeiler des amerikanischen Selbstbewusstseins. Dieses Denken hat in der Unabhängigkeitserklärung von 1776 seinen beredten Ausdruck gefunden. Auf sie und die amerikanische Verfassung von 1787 stützt sich das amerikanische Selbstverständnis ab, nicht auf Geschichte, Tradition oder gemeinsame kulturelle Werte. Auch Amerikaner pflegen zwar ihre (kurze) Geschichte mit einiger Intensität. Doch letztlich hält sie der Glaube an die Gestaltbarkeit der Zukunft zusammen. Es ist dieser tiefe Glaube an die Machbarkeit der Zukunft, welcher dieser Nation bis auf den heutigen Tag eine ungewöhnliche Dynamik verliehen hat. Dem zutiefst geschichtlich geprägten Europa ist dieser Glaube eher fremd. Man hält die Lebensphilosophie, die hinter dem amerikanischen Alltag steht, bestenfalls für überaus optimistisch oder naiv, im Schlimmsten für gefährlich. Diese Philosophie macht das Land in der Tat «special» oder – wenn man so will – «exceptional». Es unterscheidet sich fundamental von der Welt, von der es sich im 18. Jahrhundert bewusst gelöst hat. In diesem Sinne hat sich Amerika immer als Alternative, ja als Überwindung der europäischen Staats- und Gesellschaftsidee verstanden.

Die Tatsache, dass Amerika keine Ideologie hat, sondern eine ist, erklärt nicht alle, aber viele Unterschiede und gelegentlich auch Unstimmigkeiten zwischen Alter und Neuer Welt. Sie erklärt auch die enorme Dynamik und Kraft dieser Nation. Und sie erklärt nicht zuletzt ihr oft missionarisches, selbstbewusstes und – in den Augen der Aussenwelt – nicht selten selbstgerechtes Auftreten.

«E pluribus unum»:
Amerikas Identität und die neue Immigration

Mit amerikanischen Studentinnen und Studenten «transatlantic relation», das Verhältnis zwischen Alter und Neuer Welt, zu diskutieren, ist für einen europäischen Dozenten in mehr als einer Hinsicht aufschlussreich. Studenten, die solche Seminare belegen, sind in aller Regel «europhil» und kennen in den meisten Fällen Europa von kürzeren oder längeren Reisen. Manche haben bereits ein oder zwei Auslandsemester in Aix-en-Provence, Berlin, London, Florenz oder Genf hinter sich. Einige haben neben Europa auch China, Japan oder Südostasien bereist.

Diese jungen Leute sind nicht allzu typisch für den viel zitierten und statistisch malträtierten «Durchschnittsamerikaner». Sie haben sich früh im Leben für etwas entschieden, was die grosse Mehrheit in diesem Lande sonst kaum tut: bewusst über den Zaun hinaus zu schauen und die Welt jenseits des Atlantiks oder des Pazifiks selbst zu ergründen. Was unsere intensiven Diskussionen – nicht ganz überraschend – sehr schnell zu Tage fördern: Das Ausland, die «Fremde» fasziniert. Vieles scheint dort «interessanter» und «more exciting» als im grauen amerikanischen Alltag. Der Dozent erinnert sich mit einem leichten Schmunzeln an seine eigene Studienzeit in Bern.

Doch gerade im transatlantischen Kontext kommt sehr rasch und immer wieder Europas Verhältnis zur Aussenwelt aufs Tapet. Die jungen Leute beobachten nicht nur den gelegentlich offen und plump demonstrierten Antiamerikanismus mancher Europäer. Die Heftigkeit, mit der dieser oft daherkommt, wird erstaunlich kühl hingenommen, auch wenn die jungen Amerikaner über die grotesken Klischees, die bei solchen Gefühlsausbrüchen zum Vorschein kommen, mitunter den Kopf schütteln.

Was die Studentinnen und Studenten allerdings zu beschäftigen scheint, ist Europas schwieriges Verhältnis zur Einwanderung. Die grosse Skepsis der Westeuropäer gegenüber dem Zustrom von Immigranten aus Afrika, Asien und selbst Osteuropa wird zu verstehen versucht, aber letztlich eben doch nicht verstanden. Mit einigem Stolz wird immer wieder auf die grosse Tradition der USA als Immigrationsland verwiesen.

Doch ist es ein Zufall, dass in den letzten Semestern in diesem Zusammenhang plötzlich auch kritische und selbstkritische Töne zur amerikanischen Immigrationspolitik in den Seminardiskussionen auftauchen? Die USA müssten ein Einwanderungsland bleiben, «that's a good thing», lautet der Tenor. Doch die Immigrationspolitik sei fragwürdig geworden und müsse grundsätzlich überdacht werden. Nicht ganz überraschend plädieren ein Student aus Südflorida und seine Kommilitonin aus Los Angeles gar für einen zeitweiligen Einwanderungsstopp. «Zu viel ist zu viel», meint sie, «jetzt müssen wir die Bremse anziehen».

Das Thema wird nicht nur auf dem Campus in Madison, Wisconsin, diskutiert. In den letzten Monaten häufen sich Leserbriefe zu dieser Frage geradezu auffällig. Und für den Frühsommer 2004 sind einige Bücher und Grundsatzartikel zum Thema angekündigt, die zweifellos für heisse Debatten sorgen werden.

Gibt es also doch eine Immigrationskrise und vor allem Immigrationsangst auch in den USA? Folgen die Vereinigten Staaten hier vielleicht dem europäischen Trend, wie ein europäischer Besucher auf dem Campus spontan vermutet, als er vom Problem hört?

Ja und nein. Die gegenwärtige Immigration in die USA ist in der Tat ein «hot issue». Und das Thema wird in den kommenden Jahren vermutlich noch weit «heisser» werden. Und wenn es auch die im Lande eifrig gepflegte «political correctness» verbietet, darüber wirklich offen und ehrlich zu debattieren, viele Leute wünschen insgeheim einen Einwanderungsstopp oder zumindest eine drastische Senkung der jährlichen Einwanderungsquoten. Die Skepsis gegenüber der Immigration hat allerdings andere Gründe als in Europa. Die europäischen Gesellschaften bekunden mit dem Gedanken der Einwanderung Mühe schlechthin und betrachten sie instinktiv als eine Bedrohung ihrer Identität. In den USA ist Immigration hingegen ein wesentlicher Bestandteil der eigenen Geschichte und des amerikanischen Selbstverständnisses. Dies bleibt auch heute weitgehend unbestritten. Das Problem ist nicht die Einwanderung selbst. Die Diskussion dreht sich um ihr Ausmass und ihre «Qualität». Selbst Befürworter eines Immigrationsstopps verlangen ihn nicht als endgültige Massnahme, welche der langen Einwanderungstradition des Landes ein Ende setzen soll. Sie fordern nur eine «Pause», einen Unterbruch des nach wie vor starken Zustroms von Einwanderern.

Das Problem ist zweifellos äusserst virulent. Und es hat einen Namen. Hier geht es letztlich nicht abstrakt um

«Einwanderung» an sich. Es geht um die Einwanderung von «hispanics» und vor allem um das Ausmass ihres Zustroms. Die überaus starke Zuwanderung von «hispanics» oder «latinos» in den letzten vierzig Jahren ist zwar ein Phänomen, das sich auf den ersten Blick vor allem im Süden der USA bemerkbar macht. Von Florida über Texas bis nach Kalifornien wird es selbst für den europäischen Touristen auf der Strasse schnell sichtbar.

Aber dieses Phänomen ist selbst in den nördlichen Staaten des mittleren Westens in den letzten Jahren offenkundig geworden. Ein Beispiel: Wisconsin mit seiner Hauptstadt Madison ist seit dem 19. Jahrhundert tief von der deutschen, schweizerischen und bis zu einem gewissen Grad auch skandinavischen und osteuropäischen Einwanderungskultur geprägt. Spuren davon finden sich überall. Im Telefonverzeichnis der Hauptstadt finden sich 252 Eintragungen auf den Namen Schroeder, 204 auf den Namen Mueller. Mehr als 300 heissen in Madison entweder Schmid, Schmidt oder Schmitt, 51 Blum, 43 Baumgartner. Aber auch Namen wie Tschanz, Bigler, Bieri, Accola, Hubacher oder Kuenzi finden sich in rauen Mengen. Auch zehn Buenzlis und neun Abplanalps sind beim Durchblättern zu finden.

Doch die jährliche Neuausgabe des Telefonbuchs dokumentiert den Wandel. Innerhalb weniger Jahre wurden die Spalten für Namen wie Rodriguez, Sanchez oder Garcia länger und länger. Noch ist Wisconsin im Vergleich kulturell vor allem ein west-, mittel- und nordeuropäisch geprägter Staat, doch der Anteil der Latinos an der Gesamtbevölkerung wächst rasch. Er hat sich in den letzten zehn Jahren in Städten wie Milwaukee oder Madison verdoppelt.

Das hat Konsequenzen. Die University of Wisconsin in Madison, berühmt für ihre exzellenten Sprach- und Literaturabteilungen, spiegelt die allgemeine demografische Entwicklung wider. Das «German Department», obwohl immer noch das grösste und eines der besten im Land, ist längst von der Abteilung für Spanischstudien überholt worden. Spanisch wird heute von rund sechsmal mehr Studenten belegt als Deutsch. Studenten mit Namen wie Müller, Schröder oder Baumgartner belegen heute zumeist Spanisch als Fremdsprache. Ihre Eltern hatten an der gleichen Universität aus kultureller Verbundenheit noch das deutsche Erbe gepflegt.

Wer sich um die Erneuerung eines Fahrausweises bemüht, wird 2004 selbst am Sitz des Strassenverkehrsamts im «deutschen» Madison mit zweisprachigen Formularen bedient: englisch-spanisch. Und von den Ärzten am grossen Universitätsspital am Rande des Campus werden seit kurzem bei der Anstellung solide Spanischkenntnisse vorausgesetzt. Dies alles geschieht in einem Staat, der bis vor kurzem noch als «monokulturell» galt und der auch heute – zumindest vergleichsweise – ethnisch, kulturell und sprachlich am ehesten dem gleicht, was man bis in die Sechzigerjahre hinein als das «typische Amerika» bezeichnet hatte.

Wisconsin liegt mehr als 2000 Kilometer von der mexikanischen Grenze entfernt. Trotzdem, der Zustrom von Hispanics aus Mexiko und anderen lateinamerikanischen

Ländern ist in Wisconsin enorm. Jedenfalls wird das so empfunden. Aber er ist geradezu bescheiden, wenn man ihn mit der Einwanderungswelle im Süden der USA vergleicht. Dort liegt letztlich das Problem, das offensichtlich so vielen Amerikanern zu schaffen macht.

Was geht hier vor? Seit Mitte der Sechzigerjahre steigt die Einwanderung in die USA massiv. Während in den vier Jahrzehnten zuvor die Immigration bescheiden bleibt, «explodiert» sie seither buchstäblich. 1965 tritt ein neues Einwanderungsgesetz in Kraft. Im Zuge der damals erstarkenden Bürgerrechtsbewegung werden die hohen Schranken für die Einwanderung aus der Dritten Welt drastisch herabgesetzt und die jährlichen Einwanderungskontingente generell erhöht. Die Folge: ein gewaltiger Anstieg der Einwanderung aus Asien und Lateinamerika. Während sich die asiatische Einwanderung (Chinesen, Philippinos, Koreaner, Inder, Pakistani, Vietnamesen und andere) insgesamt erstaunlich reibungsarm entwickelt, ergeben sich mit der lateinamerikanischen Immigration spürbare Probleme. Dies aus gleich mehreren Gründen.

Zunächst ist die lateinamerikanische Einwanderung eine klar mexikanisch geprägte Angelegenheit. Weit mehr als die Hälfte aller lateinamerikanischen Einwanderer der Neunzigerjahre kommt direkt über die mexikanisch-amerikanische Grenze in die USA. Bei der Volkszählung des Jahres 2000 wird die im Ausland geborene, nun aber in den USA lebende Bevölkerungsgruppe der Immigranten nach Herkunftsländern aufgeschlüsselt. Die fünf wichtigsten Herkunftsländer 2000: Mehr als 950 000 kamen aus Kuba, etwas mehr als eine Million aus Indien, über 1,2 Millionen aus den Philippinen und 1,4 Millionen aus China. Unbestreitbarer Spitzenreiter unter den fünf ist aber Mexiko: Mehr als 7,8 Millionen der legalen Einwanderer geben an, in Mexiko geboren zu sein. Mit anderen Worten: Der Prozentsatz der in Mexiko geborenen US-Bevölkerung ist mehr als anderthalbmal so gross wie derjenige aller in Kuba, Indien, den Philippinen und China Geborenen zusammen genommen. Von allen im Ausland geborenen Amerikanern (US-Bürgern und «residents») macht der Anteil der Mexikaner mehr als die Hälfte aus.[1]

Die tiefe historische Zäsur des Jahres 1965 in der amerikanischen Einwanderungsgeschichte zeigt sich übrigens auch, wenn man die Volkszählung des Jahres 2000 mit derjenigen 40 Jahre zuvor vergleicht. Noch 1960 waren die fünf wichtigsten Herkunftsländer der in den USA lebenden Immigranten allesamt europäische oder westliche Länder. Italien führte, gefolgt von Deutschland, Kanada, Grossbritannien und Polen. Kein einziges lateinamerikanisches oder asiatisches Land schaffte es damals in die Spitzengruppe.[2]

Mexiko ist seit 1965 unbestreitbar Spitzenreiter in der jährlichen Einwanderungsstatistik. Es führt aber auch und vor allem in einem Bereich, der statistisch nur schwer erfasst werden kann: der illegalen Einwanderung. Dieses Phänomen war vor 1965 kaum nennenswert. Das hat sich drastisch geändert. Dass der Druck auf die US-Grenze im Süden enorm wächst, geht bereits aus der (recht zuverlässigen) Statistik der «US Border Control» hervor. Die Zahl der bei illegalen Grenzübertritten festgenommenen Personen an der mexikanisch-amerikanischen Grenze steigt von 1,6 Millionen in den Sechzigerjahren auf 8,3 Millionen im Jahrzehnt danach. In den Achzigerjahren werden insgesamt bereits 11,9 Millionen Personen bei illegalen Grenzübertritten festgenommen. In den Neunzigerjahren schliesslich klettert die Zahl auf 14,7 Millionen. Wie viele Mexikaner erfolgreich die Grenze illegal überschreiten und sich in den USA niederlassen, bleibt umstritten und ist zwangsläufig spekulativ. Gemäss den eher vorsichtigen Schätzungen der US-Einwanderungsbehörde dürfte diese Zahl bei jährlich mindestens 350000 liegen. Andere Quellen sprechen in diesem Zusammenhang von mehr als einer halben Million. Die Schätzungen für den Gesamtanteil der illegalen Wohnbevölkerung in den USA gehen heute von 8 bis 10 Millionen aus. Rund 70% davon dürften Mexikaner sein.

Was im fernen Madison, Wisconsin, als ein Problem unter vielen wahrgenommen wird, ist in San Diego County, Kalifornien, oder Tucson, Arizona, Gegenstand tagtäglicher Diskussionen. Die Einwanderung von «latinos» in die USA hat ihre natürlichen Schwerpunkte. Sie liegen fast allesamt im Süden, Südwesten und Westen des Landes. Im Jahre 2000 leben zwei Drittel der mexikanischen Immigranten im Westen oder Südwesten, mehr als die Hälfte von ihnen in Kalifornien.

Wenn sie sich die Mühe nehmen, sich auch ausserhalb der Villenviertel von Beverly Hills und des Strandes von Santa Monica umzusehen, muss es auch europäischen Besuchern sofort auffallen: Der Grossraum Los Angeles ist heute weitgehend «hispanisch» geprägt. 46,5% der «Angelinos» sind bei der Volkszählung 2000 als «hispanics» erfasst. Nur noch 29,7% der Stadt sind «Weisse[2] oder, genauer gesagt «non hispanic white». Der damalige Bürgermeister von Los Angeles, Tom Riordan, hatte mir noch 1998 bei einem Besuch in der Stadt vorausgesagt, dass im Jahre 2020 eine Mehrheit der städtischen Bevölkerung «hispanisch» sein werde. Sein Nachfolger hat inzwischen diese Prognose der Realität anpassen müssen. Er rechnet jetzt mit einer absoluten Mehrheit der «latinos» in der Stadt bereits für die allernächsten Jahre, spätestens aber für 2010.

Die massive hispanische und vor allem mexikanische Einwanderung der letzten Jahrzehnte seien zu einem eigentlichen nationalen Problem geworden, meint der berühmte Harvard-Historiker Samuel Huntington in einem Aufsatz im Frühjahr 2004. Er kündigt für den Frühsommer des Jahres ein umfangreiches Buch zu diesem Thema an.[3] Die mexikanische Einwanderung unterscheide sich von den bisherigen Immigrationswellen in der amerikanischen Geschichte fundamental, behauptet Huntington kategorisch. Ihr Ausmass sei derart gross und vor allem permanent geworden, dass die USA zum ersten Mal in ihrer Geschichte nicht mehr in der Lage seien, die hereinströmenden Massen aus dem Süden gesellschaftlich, kulturell und sprachlich zu assimilieren. Ausserdem führe die massive Konzentration der Einwanderung auf den Süden und Westen der USA dazu, dass diese Landesteile sich zunehmend selbst von der amerikanischen Gesellschaft, ihren westlich-angelsächsischen Lebensformen und Wertvorstellungen lösten. In der Tat geht in Kalifornien seit geraumer Zeit das Wort von «Mexifornia» um.[4]

Für Huntington bedeutet dies alles das Ende der «amerikanischen Idee», die Zerstörung der «protestantisch-angelsächsischen Grundlagen» der Vereinigte Staaten von Amerika. Was sich hier als Gefahr abzeichne, sei «gewiss nicht das Ende der Welt, aber dennoch das Ende des Amerika, das wir seit drei Jahrhunderten kennen». Für Huntington wollen viele Latinos sich nur sehr bedingt assimilieren. Sie träumen einen «Americano dream». Doch für ihn steht fest: «Es gibt nur einen ‹American dream›, geschaffen von einer anglo-protestantischen Gesellschaft. Mexikanische Amerikaner werden an diesem Traum nur teilhaben, wenn sie ihn in Englisch träumen.»

Eines ist sicher. Huntingtons neues Buch wird im Sommer 2004 in den USA zum Bestseller werden. Ein Vorgeschmack auf die Heftigkeit der kommenden Debatte zeichnet sich bereits im März und April 2004 ab. Hunderte von Kommentaren, Stellungnahmen, Leserbriefen und On-line-Zuschriften werfen sich für oder gegen den renommierten Professor in die Schanze.

Samuel Huntingtons provokative Thesen mögen erhebliche Schwachstellen aufweisen. Die Diskussion des Buches wird sie vermutlich in ihrer Absolutheit auch beträchtlich relativieren. Doch allein die Tatsache, dass sie bereits vor dem Erscheinen des Buches einen derartigen Wirbel auslösen, spricht Bände. Huntington hat offensichtlich den Nerv eines schwelenden kulturellen Konflikts getroffen, der bis anhin nie ganz offen ausdiskutiert worden ist. Alle Umfragen der letzten Jahre zeigen, dass die Masseneinwanderung aus Lateinamerika ausserhalb der «hispanic community» Besorgnis, ja Ängste auslöst.

Es sind zunächst unbestimmte Überfremdungsängste, welche sich – zumindest in ähnlicher Form – auch in europäischen Gesellschaften beobachten lassen. In gewissen Städten und Regionen Südkaliforniens oder Arizonas ist es bereits heute für Amerikaner mitunter schwierig, sich ohne Spanisch durchzuschlagen. Als Schreckensvorstellung wird im Westen des Landes allerdings immer häufiger das Beispiel von Miami in Südflorida ins Feld geführt. Diese Stadt ist zwar nicht unter mexikanischen, sondern unter kubanischen Vorzeichen hispanisiert worden. Allerdings ist der Prozess in Miami weiter fortgeschritten und konsequenter durchgeführt als in irgendeiner anderen Stadt oder Region der USA. Auch Huntington stellt – sehr kritisch – fest, dass in Miami praktisch alle Bereiche in Politik, Kultur und Gesellschaft während der letzten dreissig Jahre weitgehend hispanisiert worden sind. In der Tat ergibt die nationale Volkszählung des Jahres 2000 für die Stadt eine Zweidrittelsmehrheit für Latinos. Allein die Kubaner machen mehr als die Hälfte der städtischen Gesamtbevölkerung aus. Europäische Touristen, die nur zwischen Downtown Miami und Miami Beach zirkulieren, stellen es vielleicht nicht ohne weiteres fest: Das Leben in vielen «neighborhoods» von Miami erinnert mehr an Havanna (vor 1960!), Santo Domingo, San Salvador oder Managua als an eine US-Grossstadt. Europäer verirren sich auch selten in die Gegend von Hialeah, einer Stadt, nur wenige Meilen nordwestlich von Miami gelegen. Sie ist nur wenig kleiner als Miami selbst. Die Volkszählung des Jahres 2000 hält unter der Rubrik «Races» für Hialeah lapidar fest: Hispanics 90,3%.

Die kubanische Übernahme von Miami beginnt schon in den Sechzigerjahren, als Jahr für Jahr Zehntausende von Kubanern aus ihrer Heimat nach der Machtübernahme von Fidel Castro nach Florida fliehen. Viele von ihnen, vor allem die Flüchtlinge der Sechziger- und frühen Siebzigerjahre, sind dynamische Unternehmer und Gewerbetreibende, die Südfloridas lethargische Wirtschaft innerhalb der nächsten zwanzig Jahre energisch entwickeln. Doch die wirtschaftliche Dynamisierung bringt auch eine tief greifende gesellschaftliche und kulturelle Umformung des Grossraums von Miami mit sich. Die kubanische «Invasion» macht möglich, dass die schrittweise hispanisierte Stadt mehr und mehr zur heimlichen Hauptstadt von Lateinamerika wird. Bereits in den Achzigerjahren wird Miami zum lateinamerikanischen Brückenkopf grosser US-Firmen. Gleichzeitig entwickelt sich die Stadt mehr und mehr zum nordamerikanischen Investitions- und Tourismuszentrum für die lateinamerikanische Welt. Es gibt heute kein karibisches, mittel- oder südamerikanisches Land mehr, das nicht direkte Flugverbindungen nach Südflorida anbietet. Lateinamerika trifft sich in Miami.

Konsequenzen dieser Entwicklung für Miami sind nicht zu übersehen. Im Jahre 2000 waren beinahe 60% von Miamis Einwohnern im Ausland geboren, die meisten von ihnen in Lateinamerika. Mehr als 75% sprechen im Alltag eine andere Sprache als Englisch. Spanisch, nicht Englisch, ist die Hauptsprache der Wirtschaft und zunehmend auch der Medien. Bereits Ende der Neunzigerjahre überflügelt im Kampf um Einschaltquoten eine spanischsprachige Fernsehstation alle englischen US-Networks in der Stadt. Und spätestens seit den Neunzigerjahren ist es ausserordentlich schwierig, ohne hispanischen und vor allem kubanischen «Background» es in der lokalen Politik zu etwas zu bringen. Auch zwei der drei US-Kongressabgeordneten aus dem Grossraum Miami sind kubanischen Ursprungs.

Miami ist die bei weitem am stärksten latinisierte Stadt in den Vereinigten Staaten. Die spanischsprachige Bevölkerung ist derzeit in einer derart komfortablen Mehrheitsposition, dass eine «Rückanglisierung» mindestens für die voraussehbare Zukunft so gut wie ausgeschlossen ist. «In Miami besteht kein Druck, amerikanisch zu sein», stellt ein selbst in Kuba geborener Soziologe nüchtern fest. Für Samuel Huntington ist das ein Alarmzeichen. Ist das hispanisierte Miami die Zukunftsvision für Los Angeles und den Südwesten der USA? Könnte sich in den kommenden Jahrzehnten ein hispanischer Südgürtel quer durch die Vereinigten Staaten bilden? Er scheint es anzunehmen und vor allem zu befürchten. Die «Reconquista» des Südwestens der USA sei voll im Gang, meint Huntington. Er spielt dabei auf die Tatsache an, dass Kalifornien, Texas, New Mexiko, Arizona, Nevada und Utah bis ins 19. Jahrhundert mexikanisch waren und erst im texanischen Unabhängigkeitskrieg von 1835–1836 oder im mexikanisch-amerikanischen Krieg 1846–1848 an die USA verloren gingen.

Huntingtons Warnungen sind ernst zu nehmen. Seine Interpretation des statistischen Materials mag in verschiedenen Fällen fragwürdig sein, und einige seiner Schlussfolgerungen sind reichlich kühn. Doch der gegenwärtige Zustrom von Latinos in die USA ist unzweifelhaft ein Problem. Nicht nur das Ausmass der Einwanderung macht sie zu einer Herausforderung für das heutige Amerika. Auch die Tatsache, dass sich diese «neue Einwanderung» in ihrer Natur von den früheren Einwanderungswellen des 19. und 20. Jahrhunderts deutlich unterscheidet, kompliziert die Situation erheblich.

Die «klassische» Einwanderung des 19. und frühen 20. Jahrhunderts sieht Immigranten aus Europa an Land gehen, die aus dem einen oder anderen Grund die Alte Welt ein für allemal hinter sich lassen. Sie wollen in einem Amerika, von dem sie Sagenhaftes gehört und auch geträumt hatten, ein neues Leben beginnen. Für die meisten ist das ein Schritt, von dem sie nicht mehr zurück wollen – und können. Es ist eine Reise, für die man sich keine Rückfahrkarte kauft. Diese Art von Einwanderung hat ihr Symbol in der Freiheitsstatue vor dem Hafen in New York gefunden und in den langen Hallen der Immigrationsbehörden auf Ellis Island. Millionen und Millionen von europäischen Einwanderern werden durch New York geschleust und sind nach der Überquerung von diesen Bildern und Symbolen tief geprägt.

Für die mexikanische Einwanderung der letzten vierzig Jahre bedeuten diese Bilder und Symbole wenig. Mexikaner kommen über eine lange, über weite Strecken ungeschützte Grenze. Man geht ins Nachbarland für Arbeit und für ein besseres Auskommen, doch man weiss, dass man zurück kann. Und man geht auch oft zurück, nicht zuletzt zur Stimmabgabe bei den Wahlen im alten Heimatland. Der Grenzübertritt hat nichts Endgültiges, nichts von dem Irreversiblen, das die Einfahrt in den Hafen von New York für Millionen von Iren, Italienern, Russen, Deutschen oder Schweizern hatte.

Die geografische Nähe Mexikos und die hohe Konzentration mexikanischer und hispanischer Immigranten im Süden, Südwesten und Westen der USA stellen das Assimilationsvermögen Amerikas auf eine harte Probe. Das bestreiten wohl nur einige ultraliberale Verfechter eines konsequent multikulturalistischen Amerikas. Die USA hätten – so meinen sie – eine Politik der bewussten «cultural diversity» zu betreiben, die «Amerikanisierung» der neuen Einwanderer dürfe kein Ziel sein. Im Gegenteil, eine solche Politik vergewaltige die Einwanderer und verlange von ihnen die Aufgabe ihres eigenen kulturellen Erbes. Vielfalt, nicht Einheit, sei deshalb heute nötig.

Doch die grosse Mehrheit im Lande, ob politisch eher konservativ oder progressiv, sieht die Sache anders. Das nationale Motto, das sich auf dem Staatssiegel der USA findet, lautet: «E pluribus unum». Aus vielen Einflüssen und Traditionen soll eine Einheit geschaffen werden. Das Motto ist mehr als eine blosse beliebige Formel oder Floskel, die sich 1776 durch historische Zufälle auf das Siegel der Vereinigten Staaten verirrt hat. Es ist die Quintessenz dessen, was Amerika ausmacht, es ist die Philosophie seiner gesellschaftlichen Ordnung. Diese Gesellschaft ist – anders als die meisten europäischen – grundsätzlich offen für die Integration von verschiedenartigsten ethnischen, kulturellen und sozialen Einflüssen. Einwanderung ist ein wesentliches Element der amerikanischen Dynamik. Doch sie ist, wie die Geschichte des Landes zeigt, ein gelegentlich äusserst schwieriger und schmerzhafter Prozess.

Die USA waren und sind nicht frei von Rassismus, mitunter kleinlichen Vorurteilen gegenüber den Neuzuzügern. Iren, Italiener, Japaner und Juden konnten im 19. und 20. Jahrhundert darüber ebenso ein Lied singen wie heute die Mexikaner. Doch der steinige Weg aller dieser Gruppen führt früher oder später zum Ziel. Die Gesellschaft wird sie akzeptieren und gleichzeitig «amerikanisieren». Im Gegenzug – und das ist wesentlich in diesem Prozess – öffnet sich seinerseits das Land aber auch den kulturellen Einflüssen dieser Gruppen. Das amerikanische Englisch ist Ausdruck dieses Prozesses. Es liest sich wie eine Visitenkarte der Welt. Jährlich werden Hunderte von neuen Ausdrücken aus allen möglichen Sprachen ohne jeden Akademiebeschluss à la française in die Alltagssprache des Landes übernommen. Alle Kulturen, von der kleinen jiddischen über die deutsche, italienische oder russische bis hin zur chinesischen oder indischen, haben in dieser Sprache ihre Spuren hinterlassen.

Die Einseitigkeit der gegenwärtigen Einwanderung oder – wie es Huntington formuliert – das weit gehende Fehlen einer Diversität in diesem Prozess ist zwar ein Problem. Doch sein blanker Pessimismus stösst auf Kritik, zu Recht.[5] Nicht nur eingefleischte «Multikulturalisten» sind wenig überzeugt. Auch prominente Konservative glauben, dass er die Entwicklung zu eng und zu schwarz sieht. Zwar entwickelt sich der Assimilierungsprozess unter Mexikanern, besonders solchen in bildungs- und einkommensmässig schwächeren Schichten, langsamer als früher.

Und es ist richtig, dass die Konzentration dieser Masseneinwanderung auf Staaten des amerikanischen Südens und Südwestens eine besonders grosse Herausforderung darstellt. Im bereits stark hispanisierten Los Angeles diese hereinströmenden Massen zu assimilieren, ist zweifellos viel schwieriger als im immer noch weit gehend angloamerikanischen Madison, Wisconsin.

Doch das ist, wie der konservative Kolumnist David Brooks richtig feststellt, nicht die Schuld der Einwanderer[6]. Der Integrationswille auch dieser Schichten ist an sich vorhanden. Es sind das amerikanische Bildungssystem und der Immigrations- und Naturalisationsprozess selbst, die hier versagen. Auch bei den Latinos zieht es die grosse Mehrheit der zweiten Generation vor, Englisch zu sprechen. Latinos sind in den meisten Bundesstaaten auffallend stark interessiert, auch in der Verwaltung und Politik Fuss zu fassen. 40% der Angehörigen der «US Border Control» an der Südgrenze sind Hispanics. Sowohl bei den amerikanischen Streitkräften wie bei der National Guard dienen – und sterben – Latinos. Der Oberkommandierende der alliierten Streitkräfte im Irak, General Ricardo Sanchez, stammt aus einem County in Texas, das zu 98% hispanisch ist.

Samuel Huntington glaubt an die Werte des «protestantisch-angelsächsischen Amerikas». Die hispanische Masseneinwanderung unterminiert für ihn die Grundlagen dieser Gesellschaft und die Dynamik, die sie bewirkt hat. Der grosse Einfluss der «Anglo-protestant culture» auf das amerikanische Denken und Handeln ist unbestreitbar. Doch schon im 19. und frühen 20. Jahrhundert, als Iren, Italiener, Polen und Ostjuden in Massen einwanderten, ertönten Alarmrufe. Das Land hat es überlebt. Mehr noch: Es hat auch diese Einflüsse adaptiert und verarbeitet. Die USA sind – historisch gesehen – ein angelsächsisch-protestantisches Land. Sie aber auch im 21. Jahrhundert als im Wesentlichen immer noch «anglo-protestant» zu sehen, greift zu kurz. Seit dem frühen 19. Jahrhundert sind unzählige und wichtige Beiträge zu Kultur, Geschichte und Denken Amerikas gemacht worden. Viele davon waren weder angelsächsisch noch protestantisch. Und zunehmend waren sie auch nicht mehr ausschliesslich europäisch. Seit einigen Jahrzehnten meldet sich überdies auch eine schwarze Kultur selbstbewusst zu Wort, die von den angelsächsisch-protestantischen Gründungsvätern der Republik noch grosszügig übersehen worden war.

Das alles macht den Integrationsprozess gewiss nicht einfacher. Aber es macht das Land reicher. «E pluribus unum»: Es gibt wenig Grund anzunehmen, dass dieses zum Auftrag gewordene Motto des amerikanischen Staatssiegels seine imperative Kraft verloren hätte.

Irak und die Folgen
Statt eines Nachworts

«Zeitgeschichte sollte man nur mit dem Bleistift schreiben.» Golda Meirs leise Mahnung zur Vorsicht findet sich bereits im Vorwort zu dieser Aufsatzsammlung. Ich werde mir diesen Ratschlag der legendären israelischen Politikerin auch bei Abfassung der folgenden Schlussbemerkungen zu Herzen nehmen. Sie sind Anfang Mai 2004 geschrieben worden und nehmen Aspekte einiger der früher verfassten Essays aktualisiert wieder auf.

Geschichte hat immer etwas Vorläufiges an sich. Sie handelt nicht nur von Fakten, von Dingen, die geschehen sind, sondern auch – und letztlich sogar in erster Linie – von Interpretationen dieser Fakten und Vorgänge durch die Nachwelt. In diesem Sinne gibt es niemals ein endgültiges Geschichtsbild, niemals ein wirklich «definitives Urteil» der Geschichte. Selbst die politischen und gesellschaftlichen Umwälzungen der frühen römischen Kaiserzeit oder die epochalen Spannungen zwischen weltlicher und geistlicher Macht im Hohen Mittelalter des 12. und 13. Jahrhunderts sind gerade im Verlauf der letzten Jahrzehnte immer wieder neu gedeutet und uminterpretiert worden. Ein solcher Prozess ist niemals abgeschlossen.

Im Falle der Zeitgeschichte wird die Sache noch weit vertrackter. Jede historische Interpretation von Entwicklungen, die noch im Gang sind, muss notwendigerweise noch vorläufiger ausfallen. Die Nachwelt mag Ereignisse früherer Epochen aus einer geschichtlichen Distanz heraus ruhiger und – bis zu einem gewissen Grad – «objektiver» einschätzen. «Urteile» über zeitgeschichtliche Vorgänge dagegen widerspiegeln – sehr direkt und wenig gefiltert – Interessen und Emotionen der Umwelt, die diese Vorgänge gerade erlebt.

Das lässt sich im Frühjahr 2004 gerade am Beispiel des Irak-Kriegs von 2003 besonders gut beobachten. Allein in den Monaten Januar bis April erscheinen in den USA mehr als zwei Dutzend Bücher, die sich ausschliesslich oder zum Teil mit dem amerikanischen Vorgehen im Irak beschäftigen. Manche geben sich als eigentliche «Enthüllungsbücher» über die «Lügen» und «Manipulationen» der Bush-Administration. Andere sehen sich als Verteidigungsschriften für den zunehmend unter Druck geratenen Präsidenten und kämpfen gegen die «Schmierkampagnen» der Linken und deren angeblichen Mangel an Patriotismus.

In den wenigsten Fällen steuern sie neue Erkenntnisse und Einsichten zur allgemeinen politischen Debatte bei. Obwohl allesamt publizistisch mit lauten Fanfarenstössen und grossem Trara angekündigt und vermarktet, werden sie fast ausschliesslich von ihren eigenen «Gläubigen» gelesen. Eingefleischte «liberals», im europäischen Sprachgebrauch also die Linken, kaufen, lesen und geniessen überwiegend ihre eigenen publizistischen Lieblinge. Die Konservativen suchen sich fast ebenso ausschliesslich Trost und Zuspruch bei ihren Hausautoren. Untersuchungen zeigen, dass auf dieser Ebene so etwas wie ein Dialog oder eine fruchtbare Streitkultur nicht einmal in Ansätzen existiert[1]. In wenigen Jahren spricht kein Mensch mehr von diesen Büchern. Für den Historiker allerdings werden sie dannzumal Fundgruben, um die Aufgeregtheiten und persönlichen

Rankünen unserer Zeit besser erfassen und verstehen zu können.

Doch es gibt zweifellos populäre Bücher, welche die politische Diskussion des Landes beeinflussen und sogar weiterbringen können. Ende April 2004 kommt der lang erwartete neue «Bob Woodward» auf den amerikanischen Büchermarkt. Niemand zweifelt, dass der legendäre Washington Post-Journalist es auch diesmal in wenigen Wochen auf einen Spitzenplatz in der Bestsellerliste der New York Times schaffen wird. Der Mann, der 1974 mit seinen akribischen Recherchen zu Watergate mithalf, Richard Nixon zu stürzen, wartet diesmal mit einem Buch über den Irakkrieg auf. Sein Titel: «Plan of Attack»[2]. Es ist nach dem bei ihm üblichen Muster persönlicher Interviews mit den Protagonisten der Washington-Szene gestrickt. Wie alle von Woodwards Büchern ist es nicht frei von methodischen Fragwürdigkeiten und auch sprachlichen Schwerfälligkeiten. Doch es wird – wie alle seine Vorgänger – für ein oder zwei Monate zum Tagesgespräch in Washingtons Politzirkeln werden.

Das Buch erhellt in der Tat gewisse Vorgänge und Hintergründe im Vorfeld des Irakkriegs. Der Präsident kommt dabei nicht unbedingt schlecht weg. Oder jedenfalls nicht so, wie sich dies demokratische Wahlkampfstrategen wohl insgesamt erhofft hätten. George W. Bush ist in Woodwards minutiöser Beschreibung der Abläufe und politischen Mechanismen durchaus der Mann, der die Entscheide fällt. Und bevor er sie fällt, stellt er gelegentlich durchaus kritische, ja bohrende Fragen an seine Umgebung. Nicht neu sind Woodwards detaillierte Beschreibungen der ideologischen und persönlichen Spannungen innerhalb des inneren Zirkels der Bush-Riege. Während Vizepräsident Cheney und Verteidigungsminister Rumsfeld ein Vorgehen im Irak schon sehr früh kräftig unterstützen, bleibt Aussenminister Powell skeptisch. Er wird aber den grundsätzlichen Entscheid des Präsidenten im Januar 2003, den Krieg tatsächlich zu führen, loyal mittragen. Dass er bei Woodward direkt und vor allem indirekt immer wieder positiv zitiert wird, lässt vermuten, dass Powell einer der Hauptinformanten für das Buch war.

Kein Zweifel, Bob Woodwards Buch vermag einiges Licht in die verschlungenen Abläufe der Vorbereitung, Durchführung und Nachgeschichte des Irakkrieges zu bringen. Längerfristige politische Entwicklungen oder Schlussfolgerungen lassen sich aus dieser Politreportage aber kaum ableiten. Und doch ist gerade dies wohl die faszinierendste Seite der gegenwärtigen politischen Diskussion in den USA. Selten ist in den Vereinigten Staaten in den letzten Jahrzehnten so intensiv über Aussen- und Sicherheitspolitik diskutiert worden. Der 11. September 2001, der Irakkrieg im Frühjahr 2003, vor allem aber die zunehmend unkontrollierbare Situation im Nachkriegsirak des Frühjahrs 2004 lassen die Amerikaner über ihre globale Rolle vertieft nachdenken. Was diese Diskussion bringen wird, welche Schlussfolgerungen aus ihr gezogen werden, lässt sich selbstverständlich nur in Umrissen absehen. Dennoch sind für den Beobachter einige interessante Tendenzen erkennbar.

Vor allem die offensichtlichen Schwierigkeiten der USA bei der Neuordnung des Irak hinterlassen seit Anfang

2004 tiefe Spuren in der inneramerikanischen Debatte. Die sehr selbstbewusste Rhetorik der Neo-Konservativen verstummt im Frühling 2004 weitgehend. Noch am 10. Februar hatte Charles Krauthammer vor einem illustren Publikum in Washington sein Konzept eines «demokratischen Realismus» dargelegt, der für eine «amerikanische Aussenpolitik in einer unipolaren Welt» wegleitend sein müsse[3]. Auch wenn er wohl nicht alle Einzelheiten der von Krauthammer propagierten Aussenpolitik teilt, ist es doch Vizepräsident Cheney selbst, der diesen Vordenker der neo-konservativen Schule an diesem Abend persönlich einführt. Doch danach wird es auffallend still um Krauthammer und andere neo-konservative Publizisten und Aktivisten. Was allerdings noch mehr auffällt, ist der Tonartwechsel der Administration selbst. Hatte man noch im Sommer 2003 die Vereinten Nationen von der Neuordnung des Iraks fernhalten wollen, bemüht man sich nun geradezu ostentativ, die UN in den Prozess einzubinden. Man geht sogar einen Schritt weiter und will ihr gar eine führende Rolle zugestehen. Plötzlich werden multilaterale Töne hörbar, die man so explizit seit einiger Zeit nicht mehr gehört hatte. Präsident Bush selbst lobt den UN-Beauftragten für den Irak, Lakhdar Brahimi, im April mehrmals geradezu auffallend für seine Rolle beim Aufbau des neuen Irak.

Der offensichtliche Tonartwechsel der Administration muss zwar nicht unbedingt einen Sinneswechsel signalisieren. Doch ist es klar, dass auch die konsequentesten Vertreter eines energischen amerikanischen Vorgehens im Irak spüren, dass Unilateralismus hier nicht weiterhilft. Im Gegenteil. Konsequenter Unilateralismus ist hier

– in Abwandlung eines berühmten Zitats von Ronald Reagan – nicht die Lösung, sondern Teil des Problems.

Haben die Vereinigten Staaten in den letzten Jahren zu stark auf ihre «hard power», auf ihre militärische und wirtschaftliche Macht vertraut? Haben sie gleichzeitig ihre unbestreitbare «soft power» nicht oder nicht richtig einzusetzen gewusst? Das sind zwei der zentralen Fragen in der gegenwärtigen Diskussion. «Soft power», ein Begriff, Ende der Achzigerjahre von Joseph Nye geprägt, beinhaltet die weltweite Macht einer Nation, die sie aus ihrer Attraktivität in Kultur, politischen Wertvorstellungen und nicht zuletzt ihrer Politik selbst ableitet[4]. Die USA sind in Bezug auf «hard power» und «soft power» ohne Zweifel eine Weltmacht. Doch während das Land im Bereich der «hard power» rein militärisch unbestreitbar dominiert, ist es wirtschaftlich zwar eine sehr bedeutende und immer noch sehr dynamische Grossmacht, doch hat es in Europa und Japan ernst zu nehmende Konkurrenten. Seine Macht ist auch hier eindrucksvoll, doch im Gegensatz zum militärischen Bereich ist sie nicht dominant oder gar absolut. Und in Bezug auf «soft power» sind die USA zwar nach wie vor höchst attraktiv, doch ihre Kultur und Wertvorstellungen stossen gelegentlich auf spürbaren Widerstand. Ob dieser Widerstand – oft die paradoxe Kehrseite einer geradezu kritiklosen Bewunderung – in den letzten Jahren grösser geworden ist, bleibt umstritten. Unbestreitbar allerdings ist, dass sich die US-Politik der letzten Jahre stark auf die eigene militärisch-sicherheitspolitische Überlegenheit abstützt.

Aber gerade der Irak-Krieg demonstriert, dass man militärisch leicht dominieren und dennoch wirtschaftlich und politisch in Schwierigkeiten geraten kann. Im Frühjahr 2004, nur ein Jahr nach einem erfolgreich geführten Feldzug, sind die USA noch immer auf der Suche nach substanziellen Fremdmitteln für den Aufbau des Landes. Im Gegensatz zum Golfkrieg von 1991 bezahlen sie diesmal selbst den Löwenanteil an den Kosten der Irakintervention und ihrer Folgen. Dazu kommt, dass auch kluge Neo-Konservative wie Robert Kagan nicht (mehr) bestreiten, dass das (quasi-) unilaterale Vorgehen im Irak den USA «kulturell» ein Legitimationsproblem beschert hat[5]. Und Joseph Nye wirft der Bush-Administration mit einigem Recht vor, dass sie ohne bewussten und geschickten Einsatz der amerikanischen «soft power» das Land machtpolitisch zunehmend in Schieflage bringe[6].

Man kann mit einiger Sicherheit voraussagen, dass die amerikanische Aussenpolitik der nächsten Jahre wieder bewusster «multilateral» operieren wird und muss. Das politische Nachspiel zum Irakfeldzug macht ein solches Verhalten innen- wie aussenpolitisch zu einer Notwendigkeit für jede Administration, sei sie nun demokratisch oder republikanisch. Es ist durchaus wahrscheinlich, dass die entsprechende Umstellung auf eine verstärkt multilaterale Rhetorik einer Kerry-Administration leichter gelingt als in einer zweiten Amtszeit von George W. Bush. Aber diese Umstellung wird kommen, so oder so.

Allerdings hat die neu entdeckte amerikanische Liebe für einen verstärkt multilateralen Weg auch im Frühjahr 2004 nichts mit einem radikalen Kurswechsel zu tun. Das alte

Losungswort bleibt auch nach Irak: «Multilateral wenn immer möglich, unilateral wenn nötig.» Die Europäer sollten nicht erstaunt sein, dass selbst für führende demokratische Aussenpolitiker konsequenter Multilateralismus keine wirkliche Option ist. Joseph Nye, selbst ein ehemaliger Assistant Secretary of Defense unter Bill Clinton, empfiehlt seinem Land letztlich eine Mischung von multi- und unilateralen Taktiken. Die jeweilige nationale Interessenlage soll entscheiden, welche der beiden zur Anwendung kommt. So wird es wohl auch in Zukunft grundsätzlich bei einem amerikanischen «multilateralism à la carte» bleiben.

Da ist noch ein Zweites, das nach dem Irakkrieg ebenso mit einiger Sicherheit vorausgesagt werden kann: Die USA werden in den kommenden Jahren aussenpolitisch weniger Risiken eingehen. Niemand sagt es heute im Lande so unverblümt und offen, doch letztlich weiss es jeder: Der Irak-Feldzug, den heute selbst einzelne republikanische Senatoren hinter vorgehaltener Hand ein «Abenteuer» nennen, hat das Land vorsichtig gemacht. Die Zustimmungsraten zum Irakkrieg, noch 2003 nach Abschluss der militärischen Kampagne deutlich über 70%, sinken im April 2004 erstmals unter 50%. Das offensichtliche Fehlen einer professionellen Planung vieler wichtiger Einzelheiten beim Neuaufbau des Landes verstärkt das Gefühl, man habe sich da selbst in einen Schlamassel hineinmanövriert. Das alles verstärkt den Eindruck, dass die USA nicht so bald wieder einen grösseren «Befreiungsfeldzug» gegen Diktatoren oder «Unrechtregimes» führen werden. Vor allem dann, wenn sie nicht auf eine breite internationale Unterstützung zählen können. Die neo-konservative Befreiungsrhetorik, die bei der Lancierung des Irak-Kriegs eine wesentliche Rolle gespielt hatte, wird leiser werden.

Es gibt deutliche Anzeichen, dass sich nach allem, was geschehen ist, die amerikanische Aussenpolitik wieder vermehrt in Richtung der so genannten «realistischen Schule» bewegt. «Dr. Kissinger is back» witzelt Anfang April ein Freund im Staatsdepartement. In der Tat ist der 81-jährige ehemalige Staatssekretär im Frühling 2004 auffällig häufig am Fernsehen und gibt – diplomatisch höflich verpackt – Ratschläge, wie man aus der ungemütlichen Lage im Irak herauskommen könnte.

Henry Kissinger ist ein vorsichtiger Mann. Er wägt seine Worte sehr genau ab. Doch es wird klar, dass der Altmeister der «Realpolitik» der neo-konservativen «Befreiungstheologie» wenig abgewinnen kann. Aussenpolitik – so sagt er, wenn auch verklausuliert – müsse in erster Linie auf dem «national interest», nicht auf «American values» beruhen. Der Republikaner, der seit seinem Abgang in Washington 1977 von manchen (neo-) konservativen Parteifreunden beinahe konsequent geschnitten wurde, erlebt eine erstaunliche Renaissance. «For Bush, Realpolitik Is No Longer a Dirty Word», titelt die New York Times und meint nicht zuletzt damit auch den aussenpolitischen Realismus eines Henry Kissinger oder Brent Scowcroft[7].

Ist damit das Ende des neo-konservativen «Idealismus» angezeigt? Sind die Tage der rechten «Wilsonianer» in Washington gezählt? Wohl nicht ganz. Aber der Irak-Krieg und vor allem seine Folgen absorbieren Washington, seine Politiker und letztlich das ganze Land zu stark. Man konzentriert sich zwangsläufig auf das Machbare und kommt dabei langsam, aber sicher wieder auf Positionen zurück, die unter George H. W. Bush, dem Vater des gegenwärtigen Präsidenten, massgebend waren.

Bleibt schliesslich die Frage nach dem Imperium. Der Irakfeldzug und seine Folgen haben die Imperiumsdiskussion im Jahre 2004 interessanterweise weiter beflügelt. Noch immer weigern sich Politikerinnen und Politiker, das Wort auch nur schon in den Mund zu nehmen. Es sei denn, man tue es wie der Präsident selbst. George W. Bush bekräftigt allein im April 2004 in fünf Ansprachen und Interviews, dass die USA *kein* Imperium seien und auch nicht sein wollten.

Die kodierte Sprache der Politiker in dieser Frage verdeckt allerdings mehr als sie erhellt. Es ist politisch verständlich, dass man der Welt die Angst vor einer amerikanischen Dominanz nehmen will. Es ist ebenso begreiflich, dass man auch das eigene Volk nicht mit der Aussicht auf die Lasten einer dauerhaften und kostspieligen Präsenz in aller Welt erschrecken will. Doch die weltweite machtpolitische Dominanz der USA ist – wenigstens für die absehbare Zukunft – eine Tatsache. Ob man das Kind in den USA nun ein «Imperium» nennt oder nicht, spielt eine zweitrangige Rolle. Wer in der Welt militärisch, wirtschaftlich und kulturell derart präsent ist und sich auch offen zur Aufgabe des «nation building» bekennt, muss damit rechnen, dass er als Imperium wahrgenommen wird.

Niall Ferguson, eloquenter Historiker des britischen Empire, hat sich soeben der Idee des amerikanischen Imperiums angenommen[8]. Als Brite sieht er im Begriff nicht von vornherein ein Schimpfwort. Amerika – so meint Ferguson – ist historisch ein (liberales) Imperium geworden und soll, ja muss diese Rolle durchaus auch spielen. Doch die USA sind für ihn ein Imperium, das es nicht einmal wagt, seinen Namen auszusprechen. Er geht gar einen Schritt weiter und bezeichnet diese Scheu als eine Tradition organisierter Heuchelei («tradition of organized hypocracy»)[9].

Doch selbst Ferguson stellt ernüchtert fest, dass Amerika eigentlich wenig Lust verspürt, in die Fussstapfen des britischen oder anderer Weltreiche zu treten. Er sieht das als Mangel. Aber er stösst bei seinen Recherchen im Wesentlichen auf Fakten und Geisteshaltungen, die vor ihm schon anderen Historikern und Politologen aufgefallen sind.

Amerika ist für die Rolle eines Weltimperiums traditionell wenig vorbereitet. Auch wenn heute strategisch weltweit so etwas wie eine «Pax Americana» existiert, das Land, das sie durchsetzen und erhalten soll, bekundet mit dieser Daueraufgabe etliche Mühe. Da sind zunächst «organisatorische Probleme». Die USA sind ein «empire without an emperor», ein Imperium ohne Kaiser. Der Präsident hat zwar erhebliche Macht, aber sie stösst an Grenzen. Gerade in Europa wird er immer wieder als «der mächtigste Mann der Welt» apostrophiert. Aber trotz aller Theorien über die «imperiale Präsidentschaft» hat der Amtsinhaber im Weissen Haus seine Macht mit dem Kongress, einem überaus starken Gerichtssystem und nicht zuletzt fünfzig Einzelstaaten zu teilen. In der Aussen- und Sicherheitspolitik steht er in einem ständigen Machtkampf mit den beiden Häusern des Parlaments.

Doch es geht hier nicht allein um Machtteilung, es geht auch um Machtbrechung. Das amerikanische Regierungssystem sieht – wie etwa das schweizerische – ganz bewusst eine streng beschränkte Regierungstätigkeit vor. Man will letztlich bewusst einen schwachen Staat («weak government»), nicht einen starken[10]. Das hat zwangsläufig Konsequenzen, auch und gerade für die Aussenpolitik, die damit sehr oft zum Spielball von Gruppeninteressen und Machtkämpfen zwischen dem Weissen Haus und dem Kapitol wird. Das erschwert jede langfristige imperiale Planung und Strategie erheblich.

Der kurze Atem des amerikanischen Imperiums hat aber auch mit einer weiteren Tatsache zu tun. Dem Volk selbst fehlt die imperiale Attitüde weitgehend. Es ist oft gar gerätselt worden, ob sich «Joe and Ann Sixpack» wirklich bewusst sind, in welchem Ausmass die USA politisch, wirtschaftlich und kulturell weltweit präsent sind. Langfristige Engagements in der Welt stossen jedenfalls auf instinktives Misstrauen. Sie lassen sich vor dem Volk nur erfolgreich vertreten, wenn wirklich das «nationale Interesse» auf dem Spiel steht. Das war während des Kalten Krieges der Fall, als im Land parteiübergreifend darüber Einigkeit herrschte, dass man in der Welt und mit der Welt etwas gegen die «sowjetische Gefahr» unternehmen müsse. Es war für das amerikanische Volk auch sehr bald klar, dass nach dem 11. September 2001 der Kampf gegen den internationalen Terrorismus eine zentrale und langwierige Aufgabe für das Land ist.

Der Irak-Krieg ist letztlich von der Bush-Administration als Teil dieses Kampfes «verkauft» worden. Was seit dem Sommer 2003 von ihr in diesem Zusammenhang argumentativ zunehmend in den Vordergrund gerückt wird, stösst bei den Amerikanerinnen und Amerikanern allerdings auf Skepsis. «Nation building», der Aufbau einer demokratischen Ordnung im Irak, oder gar die langfristige Umkrempelung des Nahen Ostens in eine Zone offener und demokratischer Gesellschaften, gehören mit Sicherheit nicht zu den Prioritäten im Volk. Diese bittere Einsicht ist wohl einer der Hauptgründe, warum die Bush-Administration einen Kurswechsel in Richtung eines neuen aussenpolitischen Realismus einleiten *muss*.

Neo-Konservative beginnen sich da und dort bereits über den für sie gefährlichen «Pragmatismus» der Administration zu beklagen. Doch es sind intellektuelle Rückzugsgefechte. Der Präsident, sechs Monate vor der Wahl im November in erheblichen Schwierigkeiten, macht das, was Politiker in solchen Situationen zu tun pflegen: Sie versuchen, ihre Politik den veränderten Umständen anzupassen. Auch George W. Bush tut es, in der für ihn bezeichnenden Art und Weise. «Er spricht davon, dass man den Kurs im Irak halten müsse («we must stay the course»). Doch gleichzeitig nimmt er leise von den kühnen Zielen einer revolutionären Umwälzung im Nahen Osten Abschied.»

Selbst wenn er es wollte und ihm das Volk eine zweite Amtszeit bis 2008 zugestehen würde, könnte George W. Bush diese Ziele realistischerweise niemals umsetzen. Was ein Nachfolger 2004 oder 2008 mit ihnen machen

würde, steht in den Sternen geschrieben. Die institutio-
nellen Beschränkungen des amerikanischen Imperiums
werden am Beispiel des Irak besonders augenfällig.

Wer in Europa oder anderswo mehr Langfristigkeit und
Klarheit erwartet, wird mit Sicherheit enttäuscht werden.
Strategien und Konzeptionen – falls es sie überhaupt
gibt – überleben einen Präsidenten und seine Administration in der Regel kaum. Präsidentenwechsel, politische Diskussionen innerhalb der jeweiligen Administration, wechselnde Mehrheitsverhältnisse im Kongress und
eine massive Lobby regionaler, nationaler und auch internationaler Interessen machen eine kohärente, langfristige
US-Aussenpolitik so gut wie unmöglich. Grosse, langfristige Strategien («grand strategies») werden zwar in allen
Lagern und Zirkeln haufenweise entwickelt und auch diskutiert. Dass sie je mit einiger Konsequenz umgesetzt
würden, ist unter den gegebenen Umständen unwahr-
scheinlich. Da helfen auch die vielen bekannten und weniger bekannten Doktrinen nicht weiter, die im Laufe der
Geschichte von Präsidenten und ihren Administrationen
bei gegebenem Anlass formuliert wurden. Sie sind mehr
Grundsatzerklärungen als eigentliche Strategien. Einige
wenige haben praktische Auswirkungen auf die Politik
gehabt. Die Mehrzahl sind Deklarationen geblieben.

Die Amerikaner selbst scheinen mit dieser beinahe chao-
tischen Situation erstaunlich gut leben zu können. Zwar
hat Henry Kissinger in einem seiner letzten Bücher ein
fulminantes Plädoyer für langfristige Konzepte in der
amerikanischen Aussenpolitik gehalten und es unter dem
provokativen Titel «Does America Need a Foreign Po-

licy?»[11] veröffentlicht. Der europäische Emigrant Kissinger stellt diese Frage nicht ohne einen Schuss Sarkasmus und einen Anflug von Verzweiflung. Aber viele seiner amerikanischen Landsleute können sich die Weltmacht Nummer eins in der Tat auch ohne aussenpolitische Strategie vorstellen.

Es ist ihnen kaum zu verargen. Es gehört wohl zu den grossen Ironien der Geschichte, dass eine entlegene britische Kolonie ohne jede «grand strategy» in weniger als 200 Jahren zur universalsten Macht aufgestiegen ist, die die Welt je gesehen hat. Es ist eine Gesellschaft, die mit langfristiger Planung immer ihre liebe Mühe hatte. Ihre ungewöhnliche Dynamik verdankt sie vielmehr einigen wenigen, von ihr hoch gehaltenen Grundwerten. Es ist eine erstaunliche Mischung von konservativen und revolutionären, dogmatischen und pragmatischen Überzeugungen, die das Land antreibt und erfolgreich gemacht hat. Wie immer in der Geschichte war wohl auch noch etwas Glück im Spiel: «Die göttliche Vorsehung meint es besonders gut mit Narren, Trunkenbolden und den Vereinigten Staaten von Amerika», soll schon Reichskanzler Otto von Bismarck spöttisch bemerkt haben.

Man mag den Mangel an langfristigen Konzepten in der amerikanischen Aussenpolitik «Pragmatismus» nennen. Oder auch umgekehrt diesen Pragmatismus für Konzeptionslosigkeit halten. Tatsache bleibt, dass dieses «System» – alles in allem – den USA es immer wieder ermöglicht hat, auch aus schwierigen Situationen herauszufinden.

Fussnoten

Die USA und Europa: Das Ende einer Partnerschaft?

1 Gemäss einer Umfrage des Pew Research Center vom 16.3.2004
   hat sich ein Jahr nach dem Irakkrieg in mehreren europäischen
   Ländern die Unzufriedenheit mit den USA und ihrer Politik sogar
   weiter verstärkt.
   www.people-press.org/reports

2 Der Artikel von Jürgen Habermas in FAZ vom 17.4.2003; sein ge-
   meinsamer Aufruf mit Jacques Derrida in FAZ vom 31.5.2003.

3 Kagan, Robert: Of Paradise and Power, New York 2003.
   Eine erweiterte Fassung mit einem neuen Nachwort erschien nach
   dem Irak-Krieg, anfangs 2004.
   Deutsche Ausgabe: Macht und Ohnmacht. Amerika und Europa in
   der neuen Weltordnung, Berlin 2003.

4 zitiert aus der deutschen Ausgabe, S. 7.

5 Mamère, Noël/Warin, Olivier: Non merci, Oncle Sam!, Paris 1999.

6 Eine höchst anregende Darstellung der amerikanischen Aussen-
   politik des 19. und 20. Jahrhunderts findet sich in: Mead, Walter
   Russell: Special Providence. American Foreign Policy and How It
   Changed the World, New York 2001. Keine deutsche Ausgabe.

7 Die Begriffskategorien von «soft power» und «hard power» sind in
   der internationalen Diskussion von Joseph S. Nye eingeführt worden. Sie spielen eine zentrale Rolle in seinem Buch: The Paradox of
   American Power. Why the World's Only Superpower Can't Go It
   Alone, New York 2002. Deutsche Ausgabe: Das Paradox der amerikanischen Macht. Warum die einzige Supermacht der Welt Verbündete braucht, Hamburg 2003.

8   Vgl. die entsprechenden Kapitel in zwei neuen ausgezeichneten deutschen Arbeiten zur Geschichte der amerikanischen Aussenpolitik:

Bierling, Stephan: Geschichte der amerikanischen Aussenpolitik. Von 1917 bis zur Gegenwart, München 2003, S. 73 ff.

Junker, Detlef: Power and Mission. Was Amerika antreibt, Freiburg im Breisgau 2003, S. 51 ff.

9   Die These des nahen Endes der amerikanischen Ära und des Aufstiegs Europas wird vertreten in: Kupchan, Charles A.: The End of the American Era. U.S. Foreign Policy and the Geopolitics of the Twenty-first Century, New York 2002.

Deutsche Ausgabe: Die europäische Herausforderung. Vom Ende der Vorherrschaft Amerikas, Berlin 2003

Kupchan spricht von der Ablösung Amerikas durch Europa als Führungsmacht innerhalb der nächsten zehn Jahre. Er ist damit in Fachkreisen auf wenig Zustimmung gestossen.

10 s. Kapitel 5: «Can the U. S. Go It Alone?» – Das Dilemma einer Weltmacht

Träume und Alpträume – Das Amerikabild der Europäer

1   Zur Amerikadiskussion in Europa findet sich reichhaltiges Material mit Literaturhinweisen in:

Kulturtransfer & Kalter Krieg. Westeuropa als Bühne und Akteur im Amerikanisierungsprozess (Erfurter Beiträge zur Nordamerikanischen Geschichte No. 3, 2001). Mit Beiträgen von Alf Lüdtke, Reinhold Wagnleitner, Eckart Conze, Ursula Lehmkuhl und Frank Schumacher (http://www.uni-erfurt.de/nordamerika/erfurterbeit/Amerikanisierung.html)

Siehe dazu auch: Pells Richard: Not like Us. How the Europeans have loved, hated and transformed American Culture Since World War II.

2   Tocqueville, Alexis de: De la démocratie en Amérique, Paris 1835.
    Im Handel erhältliche deutsche Ausgabe: Über die Demokratie
    in Amerika, Ditzingen 1985.

3   Stead, William Thomas: The Americanization of the World; or, The
    Trend of the Twentieth Century, London/New York 1901

4   Servan-Schreiber, Jean-Jacques: Le défi Américain, Paris 1967
    Deutsche Ausgabe: Die amerikanische Herausforderung, Ham-
    burg 1968

5   zitiert in einem Artikel von Alan Riding «France's Mr. All-Good Is
    Defeated by English», New York Times, 7.8.1994

6   ibid.

7   Richard Pells, Not like Us., S.278 ff.

8   William Echikson, How Mondavis French Venture Went Sour
    in: Business Week, 3.9.2001

9   Diese Überlegungen sind eines der immer wiederkehrenden «Leit-
    motive» in Jean-François Revels: Anti-Americanism, San Francisco
    2003. Französische Originalausgabe: L'obsession anti-américaine:
    Son fonctionnement, ses causes, ses inconséquences, Paris 2000

Ein Imperium, das keines sein will

1   Voller Wortlaut der Rede des Präsidenten zur Lage der Nation,
    20.1.2004: www.whitehouse.gov

2   Védrine, Hubert/Moïsi, Dominique: Les cartes de la France à l'heu-
    re de la mondialisation, Paris 2000

3   Buchanan, Pat: A Republic, not an Empire: Reclaiming America's Destiny, Washington D.C. 1999

4   Victor Davis Hansons Aufsatz unter dem Titel «What Empire?» ist abgedruckt in: Bacevich, Andrew J. (ed.): The Imperial Tense. Prospects and Problems of American Empire, Chicago 2003, S. 146 – 155

5   Bender, Peter: Weltmacht Amerika – Das Neue Rom, Stuttgart 2003

6   Mann, Michael: Incoherent Empire, London/New York 2003. Deutsche Ausgabe: Die ohnmächtige Supermacht. Warum die USA die Welt nicht regieren können, Frankfurt 2003
    Todd, Emmanuel: After the Empire. The Breakdown of the American Order, New York 2003. Französische Originalausgabe: Après l'empire, Paris 2002. Deutsche Ausgabe: Weltmacht USA. Ein Nachruf, München 2003 (Taschenbuchausgabe 2004)

7   David Rieffs Artikel: «Liberal Imperialism» in: Bacevich, Andrew J. (ed.): The Imperial Tense. Prospects and Problems of American Empire, Chicago 2003, S. 10 – 28

8   ibid. S. 23

9   Deepak Lals Aufsatz: «In Defense of Empires» in: Bacevich, Andrew J. (ed.): The Imperial Tense. Prospects and Problems of American Empire, Chicago 2003, S. 29 – 46, Zitat S. 45

10 Charles Krauthammers Aufsatz: «The Unipolar Era» in: Bacevich, Andrew J. (ed.): The Imperial Tense. Prospects and Problems of American Empire, Chicago 2003, S. 47 – 65, Zitat S. 47.
    Charles Krauthammer hat übrigens seine neo-konservative Sicht der Imperiumsdiskussion neu aufgearbeitet in: Democratic

Realism. An American Foreign Policy for a Unipolar World, Washington DC 2004

11 Kennedy, Paul: The Rise and Fall of the Great Powers, New York 1989. Deutsche Ausgabe: Aufstieg und Fall der grossen Mächte, Frankfurt 2000

12 Paul Kennedy, «The Eagle Has Landed», Financial Times 2.2.2002

13 Irving Kristol hat seine Sicht der neo-konservativen Maximen in einem längeren Artikel unter dem Titel «The Neoconservative Persuasion» zusammengefasst in The Weekly Standard, 25.8.2003

Can the US go it alone? – Das Dilemma einer Weltmacht

1 Wohl beste kurze Zusammenfassung dieser Diskussion durch Joseph S. Nye in «The Paradox of Power», vor allem S. 154 ff.

2 Interview mit «The Guardian», 18.3.2003

3 Croker, Christopher: Empires in Conflict: The Growing Rift between Europe and the United States, Whitehall Paper 58, London 2003, S. 3

4 Das aussen- und sicherheitspolitische Team in der Bush-Administration wird höchst informativ und materialreich beschrieben und analysiert in: Mann, James: Rise of the Vulcans. The History of Bush's War Cabinet, New York 2004

5 Interview mit (Kandidat) George W. Bush in ABCs «This Week», 23.1.2000

6 Siehe dazu «The Power of Two» von Andrew Gowers in: Foreign Policy, September/Oktober 2002, S. 32 f.

7   Rede von Dominique de Villepain vor dem Sicherheitsrat am
    19.3.2003

8   Henry Kissinger, «Our Nearsighted World Vision» in The Washing-
    ton Post, 10.1.2000.
        Diese Überlegung findet sich als Leitgedanke auch immer
    wieder in Kissingers Buch: Does America Need a Foreign Policy?
    Toward a Diplomacy for the 21st Century, New York 2002. Deut-
    sche Ausgabe: Die Herausforderung Amerikas. Weltpolitik im 21.
    Jahrhundert, München/Berlin 2002; Taschenbuchausgabe erschien
    bei Ullstein 2003

Amerika tickt anders

1   McCarthy, Mary: Venice Observed, Erste Ausgabe Ft. Washing-
    ton/PA 1956. Letzte Deutsche Ausgabe: Venedig, München 1999
        McCarthy, Mary: The Stones of Florence, Erste Ausgabe
    Ft. Washington/PA 1956. Letzte Deutsche Ausgabe: Florenz,
        Köln 1995

2   Lipset, Seymour Martin: American Exceptionalism. A Double-
    Edged Sword, New York/London 1997, S. 17 ff.

3   Lipset, S. 18

E pluribus unum – Amerikas Identität und die neue Immigration

1   Das hier und in der Folge zitierte statistische Material findet sich
    über die Homepage des US-amerikanischen statistischen Amtes
    (www.census.gov). Siehe auch: Profile of the Foreign-Born Popula-
    tion in the United States 2000 (Washington: US Census Bureau,
    Population Reports, Series S.2 3–206, 2001)

2   Siehe auch: Campbell J. Gibson and Emily Lennon, Historical Census Statistics on the Foreign-Born Population of the United States 1850–1990 (Population Division Working Paper No. 29, U.S. Census Bureau, February 1999)

3   Huntingtons Aufsatz findet sich in: Foreign Policy, March/April 2004, S. 30–45.
    Sein angekündigtes Buch erscheint unter dem Titel: Who Are We? The Challenges to America's National Identity, New York 2004

4   Eine interessante, sehr persönliche (und kritische) Sicht des rapiden Hispanisierungsprozesses in Süd- und Zentralkalifornien liefert: Victor Davis Hanson: Mexifornia. A State of Becoming, San Francisco 2003

5   Die Quintessenz der wachsenden Kontroverse um Huntingtons Thesen findet sich in: Foreign Policy, May/June 2004, S. 4–13 und 84–91

6   David Brooks: The Americano Dream, New York Times, Op-Ed, 24.2.2004

Irak und die Folgen (statt eines Nachworts)

1   New York Times, 13.3.2004, A13

2   Bob Woodward, Plan of Attack, New York 2004

3   Charles Krauthammer, Democratic Realism. An American Foreign Policy for a Unipolar World, Washington DC, 2004

4   Joseph S. Nye, The Changing Nature of American Power, New York 1990

5 s. (neues) Nachwort zur letzten amerikanischen Ausgabe von : Of
   Paradise and Power, New York 2004, S. 105 ff.

6 Nye vertritt diese These in seinem neuesten Buch: Soft Power. The
   Means to Success in World Politics, New York 2004

7 New York Times, 11.4.2004, WK 5

8 Niall Ferguson: Colossus. The Price of America's Empire, New York
   2004

9 Diese Feststellung findet sich bereits in einer Vorarbeit Fergusons
   zu Colossus: The Empire Slinks Back, New York Times Magazine,
   27.4.2003

10 Der diesbezügliche Vergleich des amerikanischen mit dem schweizerischen Regierungssystem wird auch explizit von Seymour Martin Lipset gezogen, in: American Exceptionalism, S. 40

11 Kissinger, Henry: Does America Need a Foreign Policy? Toward a
   Diplomacy for the 21st Century, New York 2002.

Weiterführende Literatur

Bacevich, Andrew J. (ed.): The Imperial Tense.
Prospects and Problems of American Empire, Chicago 2003.

Barone, Michael: The New Americans. How the Melting Pot Can
Work Again, Washington, D. C., 2001.

Bierling, Stephan: Geschichte der amerikanischen Aussenpolitik.
Von 1917 bis zur Gegenwart, München 2003.

Brzezinski, Zbigniew: The Choice. Global Domination or Global
Leadership, New York 2004.

Daalder, Ivo H., and Lindsay, James M.: America Unbound. The Bush
Revolution in Foreign Policy, Washington, D.C., 2003.

Ferguson, Niall: Colossus. The Price of America's Empire, New York
2004. Deutsche Ausgabe: Das verleugnete Imperium. Defizite
amerikanischer Macht, Berlin 2004

Hanson, Victor Davis: Mexifornia. A State of Becoming,
San Francisco 2003

Huntington, Samuel P.: Who Are We? The Challenges to America's
National Identity (erscheint im Frühsommer 2004)

Hutton, Will: A Declaration of Interdependence. Why America
Should Join the World, New York 2003.
Britische Originalausgabe: The World We're In, London 2002.

Junker, Detlef: Power and Mission. Was Amerika antreibt, Freiburg im
Breisgau 2003.

Kagan, Robert: Of Paradise and Power, New York 2003.
Eine erweiterte Fassung mit einem neuen Nachwort erschien nach

dem Irakkrieg 2004. Deutsche Ausgabe: Macht und Ohnmacht. Amerika und Europa in der neuen Weltordnung, Berlin 2003.

Kissinger, Henry: Does America Need a Foreign Policy? Toward a Diplomacy for the 21st Century, New York 2002.
Deutsche Ausgabe: Die Herausforderung Amerikas. Weltpolitik im 21. Jahrhundert, München/Berlin 2002; Taschenbuchausgabe erschien bei Ullstein 2003.

Kupchan, Charles A.: The End of the American Era. U.S. Foreign Policy and the Geopolitics of the Twenty-first Century, New York 2002
Deutsche Ausgabe: Die europäische Herausforderung. Vom Ende der Vorherrschaft Amerikas, Berlin 2003

Lind, Michael: The Next American Nation. The New Nationalism and the Fourth American Revolution, New York 1995.

Lipset, Seymour Martin: American Exceptionalism. A Double-Edged Sword, New York/London 1997.

Mann, James: Rise of the Vulcans. The History of Bush's War Cabinet, New York 2004.

Mann, Michael: Incoherent Empire, London/New York 2003.
Deutsche Ausgabe: Die ohnmächtige Supermacht. Warum die USA die Welt nicht regieren können, Frankfurt 2003.

Mead, Walter Russell: Special Providence. American Foreign Policy and How It Changed the World, New York 2001.

Nye, Joseph S.: The Paradox of American Power. Why the World's Only Superpower Can't Go It Alone, New York 2002.
Deutsche Ausgabe: Das Paradox der amerikanischen Macht. Warum die einzige Supermacht der Welt Verbündete braucht, Hamburg 2003.

Pells, Richard: Not Like Us. How Europeans have loved, hated, and transformed American culture since World War II, New York 1997.

Revel, Jean-François: Anti-Americanism, San Francisco 2003. Französische Originalausgabe: L'obsession anti-américaine: Son fonctionnement, ses causes, ses inconséquences, Paris 2000.

Todd, Emmanuel: After the Empire. The Breakdown of the American Order, New York 2003. Französische Originalausgabe: Après l'empire, Paris 2002. Deutsche Ausgabe: Weltmacht USA. Ein Nachruf, München 2003 (Taschenbuchausgabe 2004).

Woodward, Bob: Bush at War, New York 2002
Deutsche Ausgabe: Bush at War. Amerika im Krieg, Stuttgart 2003.

Woodward, Bob: Plan of Attack, New York 2004
Deutsche Ausgabe geplant bei DVA/Spiegel Buchverlag im Sommer 2004 unter dem Titel: Der Angriff.